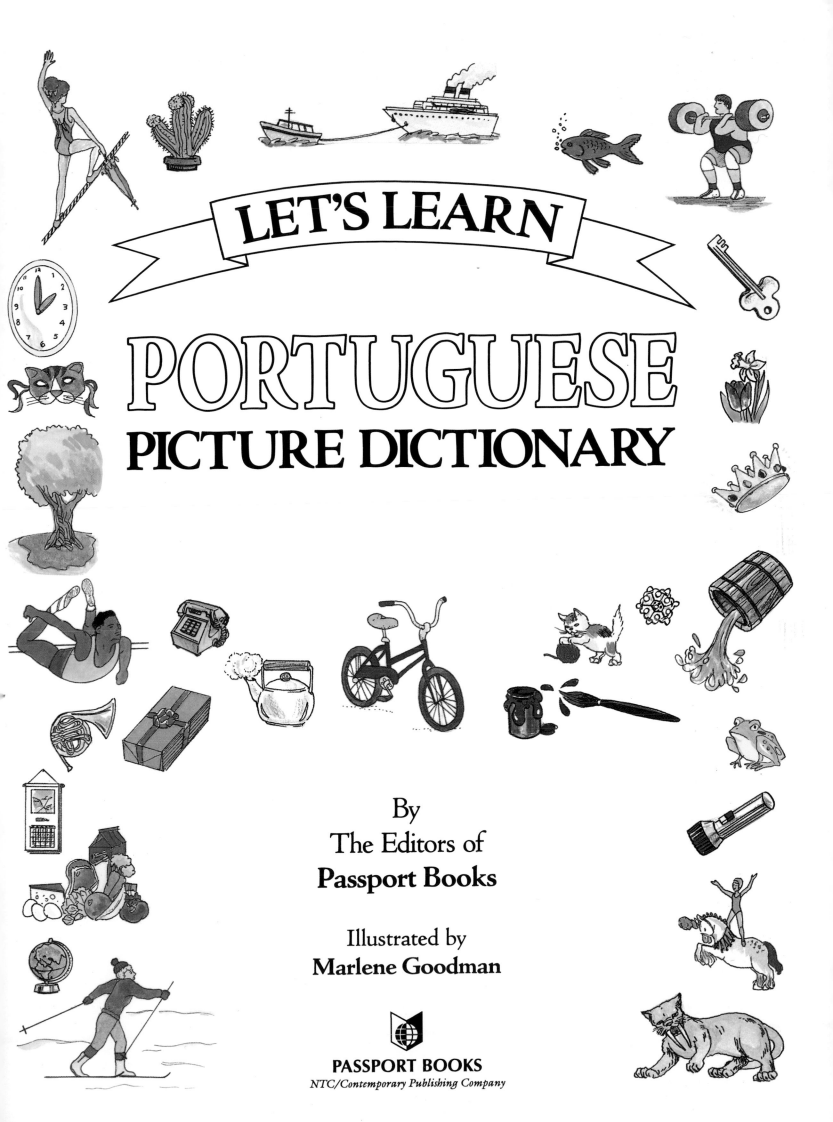

LET'S LEARN

PORTUGUESE
PICTURE DICTIONARY

By
The Editors of
Passport Books

Illustrated by
Marlene Goodman

PASSPORT BOOKS
NTC/Contemporary Publishing Company

Welcome to the *Let's Learn Portuguese* Picture Dictionary!

Here's an exciting way for you to learn more than 1,500 Portuguese words that will help you speak about many of your favorite subjects. With these words, you will be able to talk in Portuguese about your house, sports, outer space, the ocean, and many more subjects.

This dictionary is fun to use. On each page, you will see drawings with the Portuguese and English words that describe them. These drawings are usually part of a large, colorful scene. See if you can find all the words in the big scene, and then try to remember how to say each one in Portuguese. You will enjoy looking at the pictures more and more as you learn more Portuguese.

You will notice that almost all the Portuguese words in this book have **o, a, os,** or **as** before them. These words simply mean "the" and are usually used when you talk about things in Portuguese.

At the back of the book, you will find a Portuguese-English Glossary and Index and an English-Portuguese Glossary and Index, where you can look up words in alphabetical order, and find out exactly where the words are located in the dictionary.

This is a book you can look at over and over again, and each time you look, you will find something new. You'll learn the Portuguese words for people, places, and things you know, and you may even learn some new words in English as you go along!

Library of Congress Cataloging-in-Publication Data
is available from the United States Library of Congress.

Illustrations by Terrie Meider
7. Clothing; 15. People in our Community; 18. Sports; 28. Colors;
29. The Family Tree; 30. Shapes; 31. Numbers; 32. Map of the World.

Published by Passport Books
An imprint of NTC/Contemporary Publishing Company
4255 West Touhy Avenue, Lincolnwood (Chicago), Illinois 60646-1975 U.S.A.
Copyright © 1993 by NTC/Contemporary Publishing Company
Printed in Hong Kong
International Standard Book Number: 0-8442-4699-9

8 9 0 WKT 0 9 8 7 6 5

Table of Contents
Sumário

Portuguese-English Glossary and Index

English-Portuguese Glossary and Index

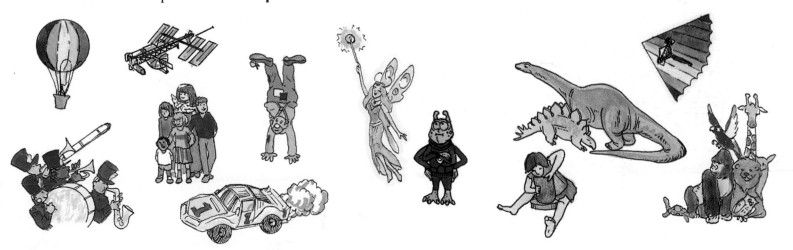

1. Our Classroom   Nossa sala de aula

teacher
professor

teacher
professora

student
estudante (o)

student
estudante (a)

map
mapa

chalkboard
lousa

chalk
giz

(chalkboard) eraser
apagador

trash
lixo

wastebasket
cesta de lixo

stapler
grampeador

staples
grampos

teacher's desk
mesa do
professor

calendar
folhinha

cellophane tape
fita
adesiva

notebook
caderno

bookcase
estante de
livros

bulletin board
quadro de
avisos

arithmetic
problem
problema de
aritmética

calculator
calculadora

alphabet
alfabeto

easel
cavalete

protractor
transferidor

pen
caneta

colored pencils
lápis de cor

pupil desk
carteira escolar

ABCD

aquarium
aquário

fish
peixe

loudspeaker
alto-falante

book
livro

rug
tapete
pequeno

ruler
régua

scissors
tesoura

bell
sineta

hole punch
furador de
papéis

compass
compasso

(pencil) eraser
borracha

pencil
lápis

pencil sharpener
apontador de lápis

clock
relógio

hand
ponteiro

numbers
números

cactus
cacto

plant
planta

glue
cola

globe
globo

picture
quadro

paint
tinta

paintbrush
pincel

paper
papel

crayon
lápis de cera

2. Our House
Nossa casa

floor
piso
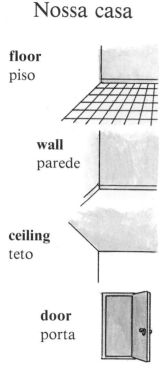

wall
parede

ceiling
teto

door
porta
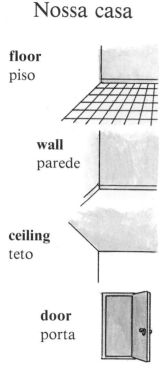

shelf
prateleira

closet
armário
embutido

hanger
cabide

window
janela

stairs
escada

medicine cabinet
armário de remédios

bathtub
banheira

shower
chuveiro

towel
toalha

toilet
privada

toilet paper
papel higiênico

bed
cama

blanket
cobertor

sheet
lençol

pillow
travesseiro

mirror
espelho

vase
vaso

night table
criado-mudo

alarm clock
despertador

rocking chair
cadeira de balanço

curtains
cortinas

venetian blinds
persianas

poster
cartaz

chimney
chaminé

roof
telhado

armchair
poltrona

sofa
sofá

television
televisão

radio
rádio

fireplace
lareira

carpet
tapete

footstool
escabelo

telephone
telefone

lamp
abajur

dresser
toucador

record
disco

record player
toca-discos

compact disc
CD (disco compacto)

videocassette player
videocassete

bedroom
quarto de dormir

bathroom
banheiro

living room
sala de estar

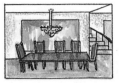

dining room
sala de jantar

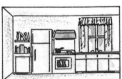

kitchen
cozinha

cassette player
toca-fitas

assette tape
ita cassete

3. The Kitchen
A cozinha

counter
balcão

oven
forno

faucet
torneira

pan
panela

paper towels
toalhas de
papel

chair
cadeira

table
mesa

refrigerator
geladeira

dishwasher
máquina de
lavar pratos

electric mixer
batedeira
elétrica

ice cubes
cubos de gelo

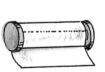

apron
avental

microwave oven
forno de
microondas

freezer
congelador

food processor
multiprocessador

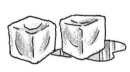

drawer
gaveta

spatula
espátula

flour
farinha

stove
fogão

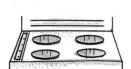

sink
pia

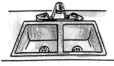

kettle
chaleira

toaster
torradeira

dishes
pratos

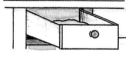

sponge
esponja

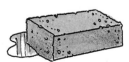

iron
ferro

washing machine
máquina de lavar roupa

toolbox
caixa de
ferramentas

laundry detergent
detergente para
lavar roupa

laundry
roupa suja

screw
parafuso

mop
esfregão

broom
vassoura

screwdriver
chave de fenda

wrench
chave inglesa

wood
madeira

board
tábua

electrical outlet
tomada elétrica

vacuum cleaner
spirador de pó

dustpan
pá de lixo

drill
furadeira

sandpaper
lixa

flashlight
lanterna

hammer
martelo

brick
tijolo

ironing board
tábua de passar
roupa

clothes dryer
secadora de
roupas

nail
prego

file
lima

tape measure
trena

saw
serrote

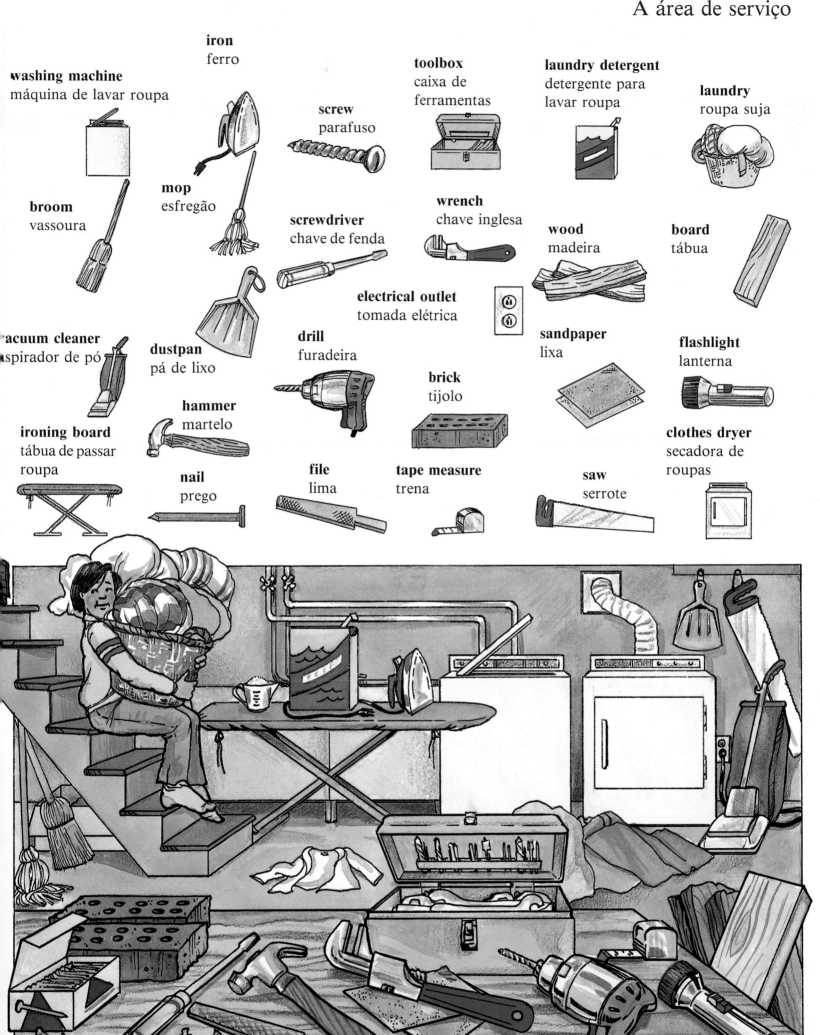

4. The Attic
O sótão

trunk
baú

box
caixa

dust
pó

string
barbante

cobweb
teia de aranha

ball gown
vestido de baile

top hat
cartola

tuxedo
smoking

hat
chapéu

feather
pluma

cowboy hat
chapéu de
boiadeiro

uniform
uniforme

cowboy boots
botas de
boiadeiro

photo album
álbum de
fotografias

game
jogo

doll
boneca

jigsaw puzzle
quebra-cabeça
(de armar)

jump rope
corda de
pular

teddy bear
ursinho de
brinquedo

toys
brinquedos

whistle
apito

cards
cartas
(de jogar)

dice
dados

blocks
blocos

electric train
trem elétrico

magnet
ímã

cradle
berço

coloring book
caderno para
colorir

music box
caixa de
música

yarn
fio

knitting needles
agulhas
de tricô

dollhouse
casa de
boneca

comic books
revistas
em quadrinhos

lightbulb
lâmpada
elétrica

toy soldiers
soldadinhos
de brinquedo

movie projector
projetor
cinematográfico

umbrella
guarda-
chuva

puppet
fantoche

fan
leque

marbles
bolas de gude

rocking horse
cavalinho de balanço

chess
xadrez

photograph
fotografia

spinning wheel
roda de fiar

picture frame
moldura de quadro

rocking chair
cadeira de
balanço

checkers
jogo de damas

5. The Four Seasons (Weather)
As quatro estações (condições meteorológicas)

Winter
Inverno

snow
neve

sled
trenó

ice
gelo

snowplow
limpa-neve

snowflake
floco de
neve

snowmobile
carrinho de
neve

icicle
sincelo

snowman
boneco de
neve

shovel
pá

snowball
bola de
neve

snowstorm
tempestade
de neve

log
tronco

Spring
Primavera

rain
chuva

flowers
flores

rainbow
arco-íris

flowerbed
canteiro de
flores

stem
caule

petal
pétala

bird
pássaro

**vegetable
garden**
horta

worm
minhoca

raindrop
pingo de
chuva

lightning
relâmpago

Summer
Verão

butterfly
borboleta

fly
mosca

fly swatter
mata-moscas

fan
ventilador

sprinkler
borrifador

grasshopper
gafanhoto

lawn mower
cortador de grama

barbecue
churrasco, churrasqueira

hammock
rede

yard
quintal

deck
deque

garden hose
mangueira de jardim

matches
fósforos

Fall
Outono

wind
vento

leaf
folha

branch
galho

fog
neblina

rake
ancinho

clouds
nuvens

kite
pipa

puddle
poça

mud
lama

bird's nest
ninho de pássaro

bush
arbusto

6. At the Supermarket   No supermercado

vegetables
verduras,
legumes

cabbage
repolho

lettuce
alface

green beans
vagem

peas
ervilhas

carrots
cenouras

tomatoes
tomates

potatoes
batatas

onions
cebolas

spinach
espinafre

avocado
abacate

nuts
nozes

chocolate
chocolate

candy
bala

pie
torta

fruit
frutas

apple
maçã

orange
laranja

lime
lima

lemon
limão

cherries
cerejas

banana
banana

grapes
uvas

strawberries
morangos

peach
pêssego

grapefruit
grapefruit, toranja

melon
melão

watermelon
melancia

raspberries
framboesas

pineapple
abacaxi

meat
carne

eggs
ovos

butter
manteiga

bread
pão

cheese
queijo

food
alimentos

milk
leite

cookies
biscoitos

crackers
bolachas

potato chips
batatinhas
fritas

bottle
frasco

fruit juice
suco de
frutas

cereal
cereal

can
lata

frozen dinner
comida congelada

soap
sabão

money
dinheiro

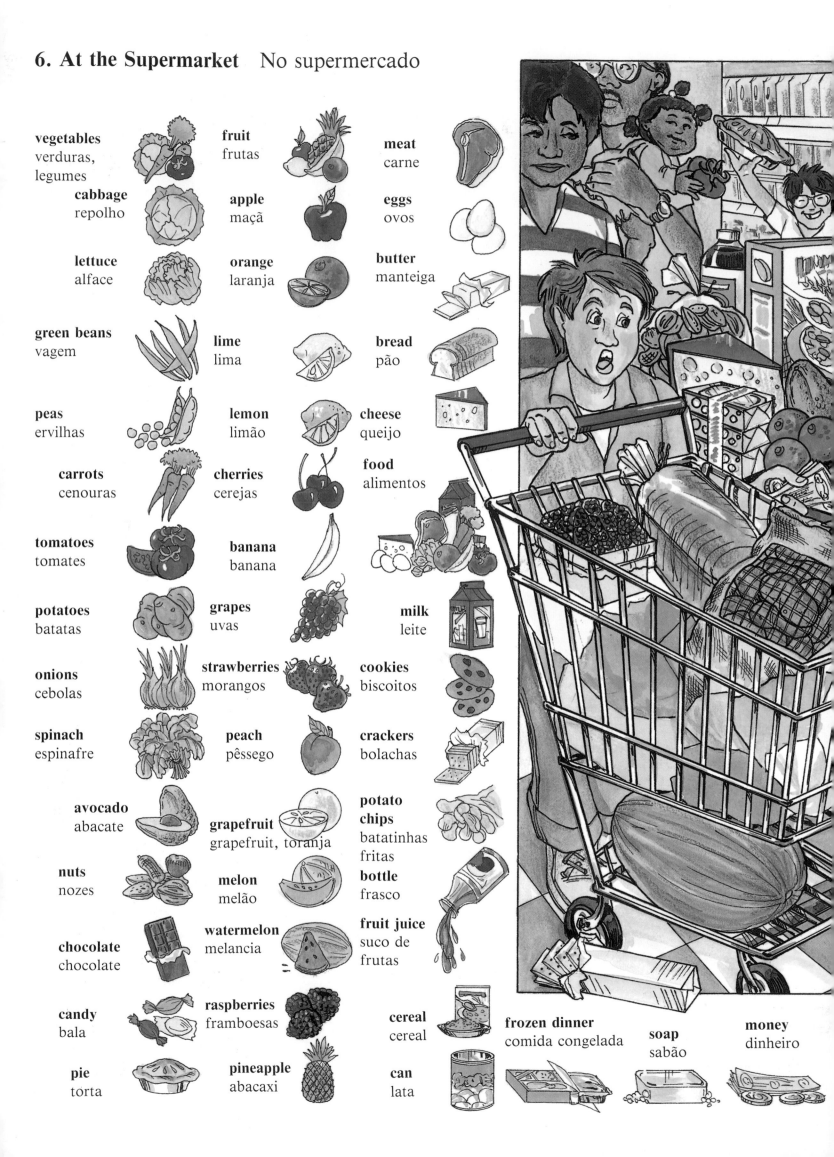

shopping cart
carrinho de compras

shopping bag
saco de compras

sign
cartaz

scale
balança

price
preço

cash register
caixa registradora

cashier
caixa

7. Clothing Vestuário

glasses
óculos

buckle
fivela

belt
cinto

pants
calças

underwear
cueca

collar
gola

blouse
blusa

bracelet
pulseira

ring
anel

skirt
saia

socks
meias curtas

shoes
sapatos

tie
gravata

sleeve
manga

suit
terno

shirt
camisa

necklace
colar

dress
vestido

bathing suit
maiô

button
botão

earmuffs
orelheiras

gloves
luvas

handkerchief
lenço

coat
casaco

sweater
pulôver

gym shoes
tênis

shoelace
cadarço

tights
meia-calça

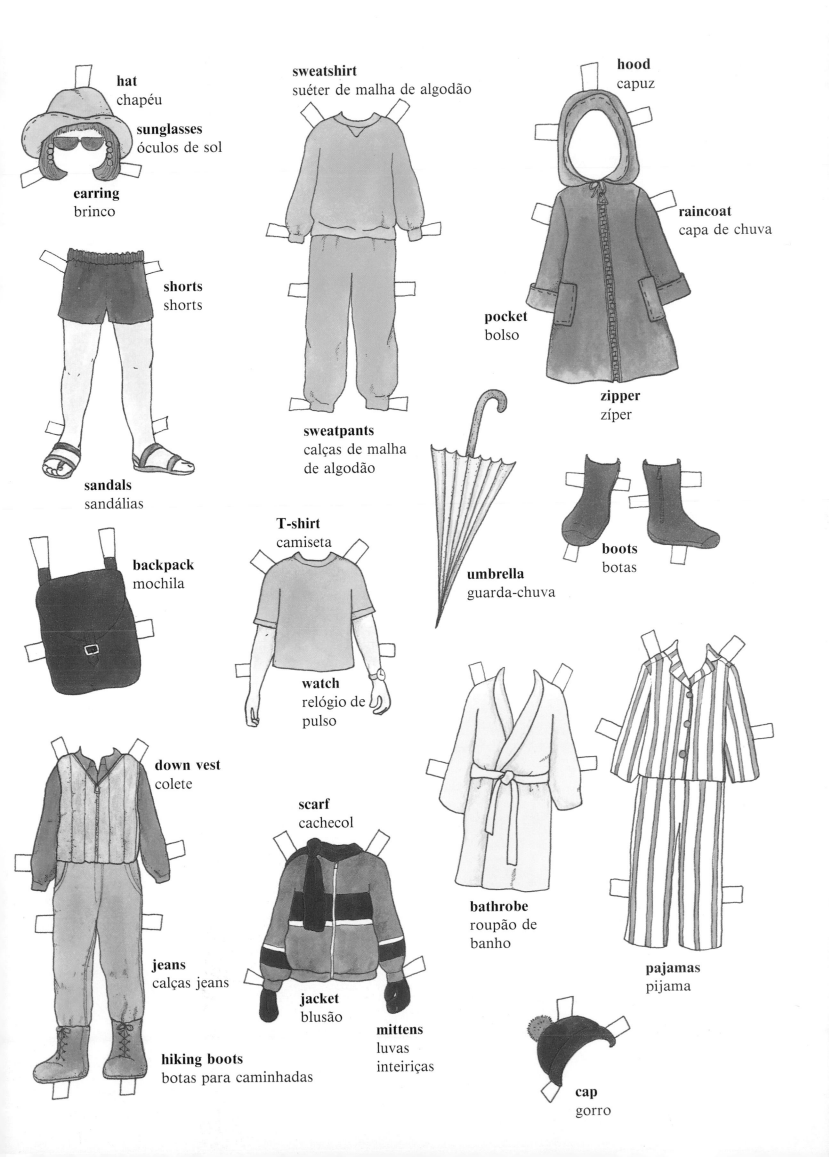

hat
chapéu

sunglasses
óculos de sol

earring
brinco

shorts
shorts

sandals
sandálias

backpack
mochila

down vest
colete

jeans
calças jeans

hiking boots
botas para caminhadas

sweatshirt
suéter de malha de algodão

sweatpants
calças de malha
de algodão

T-shirt
camiseta

watch
relógio de
pulso

scarf
cachecol

jacket
blusão

mittens
luvas
inteiriças

umbrella
guarda-chuva

hood
capuz

raincoat
capa de chuva

pocket
bolso

zipper
zíper

boots
botas

bathrobe
roupão de
banho

pajamas
pijama

cap
gorro

8. In the City   Na cidade

building edifício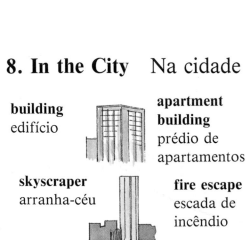

apartment building prédio de apartamentos

train station estação ferroviária

skyscraper arranha-céu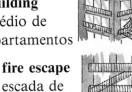

fire escape escada de incêndio

church igreja

factory fábrica

balcony sacada

school escola

smokestack chaminé

fire station posto de bombeiros

museum museu

traffic lights semáforo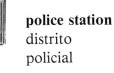

police station distrito policial

hospital hospital

manhole cover tampa de entrada de inspeção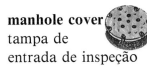

jail cadeia

drugstore (pharmacy) drogaria (farmácia)

driveway via de acesso

bookstore livraria

movie theater cinema

parking lot estacionamento

toy store loja de brinquedos

restaurant restaurante

parking meter parquímetro

grocery store mercearia

clothing store loja de roupas

corner esquina

bakery padaria

fire hydrant hidrante

butcher shop açougue

hotel hotel

square praça

fountain fonte

traffic jam engarrafamento de tráfego

statue estátua

newspaper jornal

crane guindaste

bench banco

sign letreiro

playground parquinho

park
parque

jungle gym
trepa-trepa

swings
balanços

seesaw
gangorra

slide
escorregador

sandbox
tanque de areia

beach
praia

9. In the Country   No campo

farmer
lavrador

tractor
trator

barn
cocheira

hay
feno

dog
cachorro

puppy
cachorrinho

cat
gato

kitten
gatinho

rooster
galo

hen
galinha

chick
pintinho

pig
porco

piglet
porquinho

rabbit
coelho

bull
touro

cow
vaca

calf
bezerro

horse
cavalo

colt
potro

duck
pato

duckling
patinho

goat
cabra

kid
cabrito

goose
ganso

gosling
gansinho

sheep
carneiro

lamb
cordeiro

mouse
camundongo

horns
chifres

donkey
jumento

bees
abelhas

frog
rã

pond
lagoa

grass
capim

fence
cerca

tree
árvore

shadow
sombra

hill
colina

road
estrada

smoke
fumaça

picnic
piquenique

ant
formiga

dirt
sujeira

tent
barraca

sky
céu

train tracks
linha férrea

sleeping bag
saco de dormir

man
homem

woman
mulher

boy
menino

girl
menina

baby
bebê

farm
sítio

10. In a Restaurant   No restaurante

breakfast
café da manhã

lunch
lanche, almoço

dinner
jantar

yolk
gema

hamburger
hambúrguer

steak
bife

omelet
omelete

sandwich
sanduíche

fish
peixe

toast
torrada

french fries
batatas fritas

ham
presunto

jam
geléia

soup
sopa

chicken
frango

sausages
lingüiça

noodles
talharim

broccoli
brócolos

coffee
café

ketchup
catchup

celery
aipo

tea
chá

mustard
mostarda

salad
salada

cream
creme

salt
sal

rice
arroz

sugar
açúcar

pepper
pimenta

mushroom
cogumelo

meals
comida, refeições

ice cream
sorvete

tray
bandeja

waiter
garçom

candle
vela

tablecloth
toalha de mesa

waitress
garçonete

cake
bolo

straw
canudinho

gift
presente

birthday party
festa de aniversário

soft drink
refrigerante

knife
faca

fork
garfo

spoon
colher

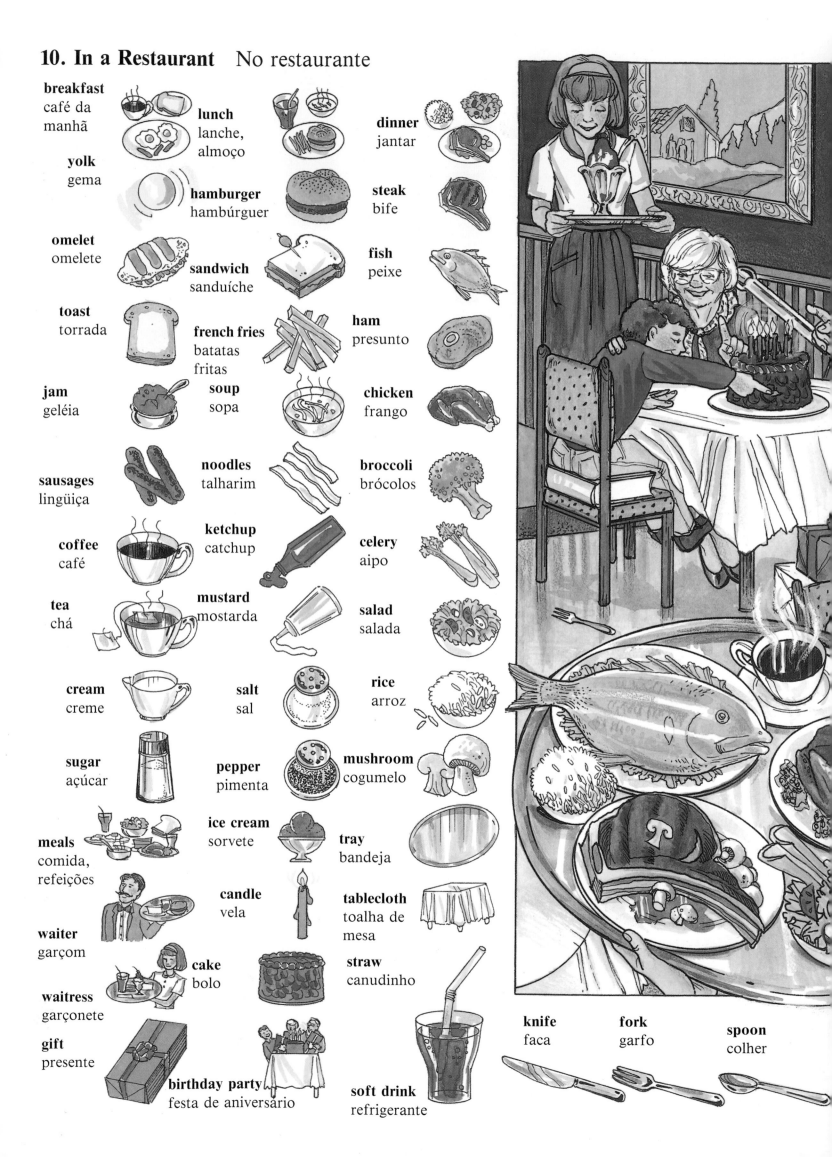

plate	**saucer**	**cup**	**glass**	**bowl**	**napkin**	**menu**
prato	pires	xícara	copo	tigela	guardanapo	cardápio

11. The Doctor's Office O consultório médico

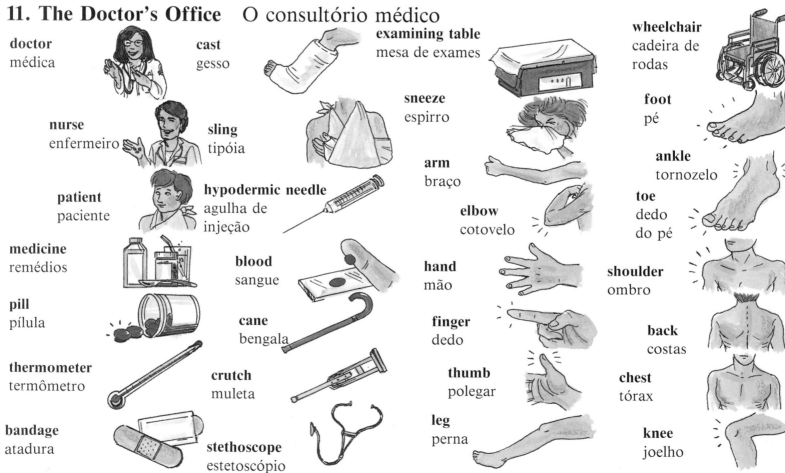

doctor
médica

nurse
enfermeiro

patient
paciente

medicine
remédios

pill
pílula

thermometer
termômetro

bandage
atadura

cast
gesso

sling
tipóia

hypodermic needle
agulha de
injeção

blood
sangue

cane
bengala

crutch
muleta

stethoscope
estetoscópio

examining table
mesa de exames

sneeze
espirro

arm
braço

elbow
cotovelo

hand
mão

finger
dedo

thumb
polegar

leg
perna

wheelchair
cadeira de
rodas

foot
pé

ankle
tornozelo

toe
dedo
do pé

shoulder
ombro

back
costas

chest
tórax

knee
joelho

The Dentist's Office   O consultório dentário

dentist
dentista

waiting room
sala de espera

ental hygienist
gienista
entária

magazines
revistas

tooth
dente

X ray
radiografia

oth brush
cova de dentes

smile
sorriso

tooth paste
pasta de
dentes

lips
lábios

ental floss
io dental

tongue
língua

eyebrow
sobrancelha

eyes
olhos

nose
nariz

mouth
boca

chin
queixo

ear
orelha

braces
aparelho
de correção
dentária

head
cabeça

face
rosto

cheek
bochecha

forehead
testa

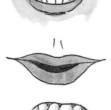

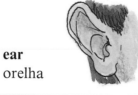

12. The Barber Shop/Beauty Salon
A barbearia/O salão de beleza

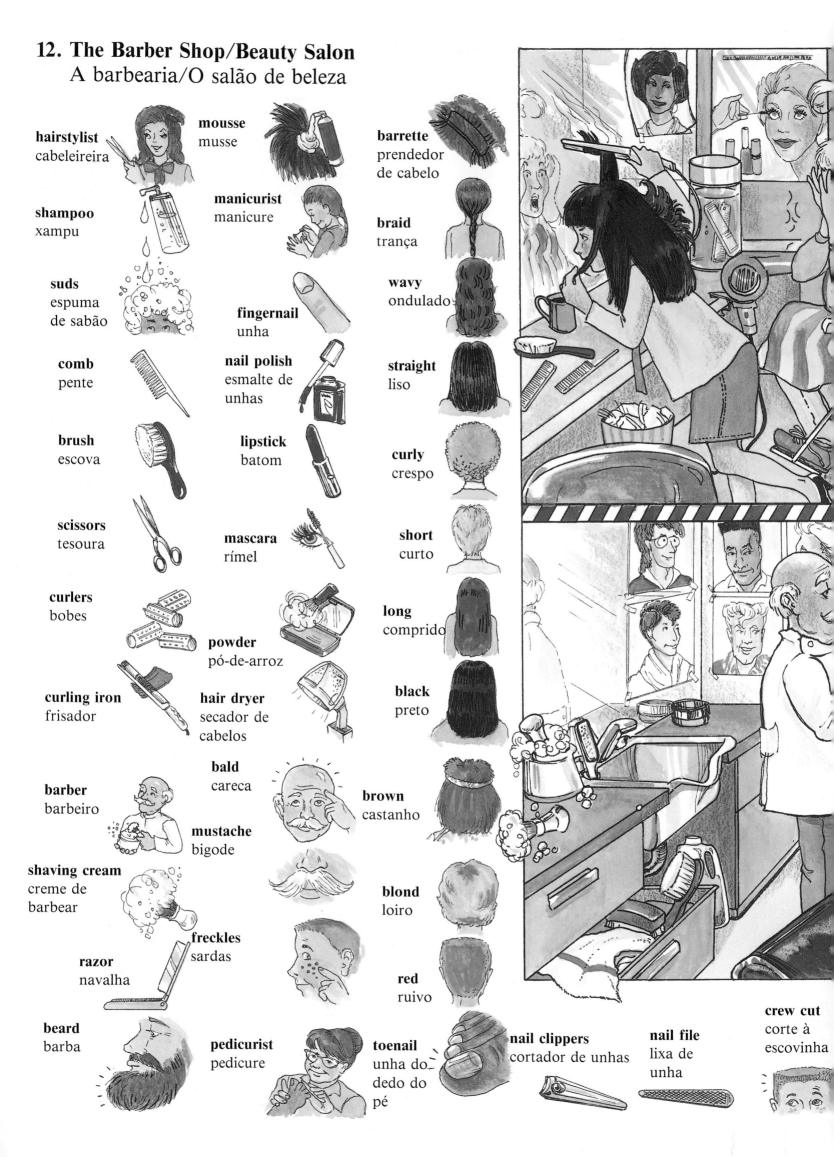

hairstylist
cabeleireira

shampoo
xampu

suds
espuma
de sabão

comb
pente

brush
escova

scissors
tesoura

curlers
bobes

curling iron
frisador

barber
barbeiro

shaving cream
creme de
barbear

razor
navalha

beard
barba

mousse
musse

manicurist
manicure

fingernail
unha

nail polish
esmalte de
unhas

lipstick
batom

mascara
rímel

powder
pó-de-arroz

hair dryer
secador de
cabelos

bald
careca

mustache
bigode

freckles
sardas

pedicurist
pedicure

barrette
prendedor
de cabelo

braid
trança

wavy
ondulado

straight
liso

curly
crespo

short
curto

long
comprido

black
preto

brown
castanho

blond
loiro

red
ruivo

toenail
unha do
dedo do
pé

nail clippers
cortador de unhas

nail file
lixa de
unha

crew cut
corte à
escovinha

ponytail
rabo-de-
cavalo

bangs
franja

bun
coque

part
risca (de
cabelo)

hair spray
vaporizador de
cabelo

hair
cabelos

blow dryer
secador de cabelos portátil

13. The Post Office   A agência dos Correios

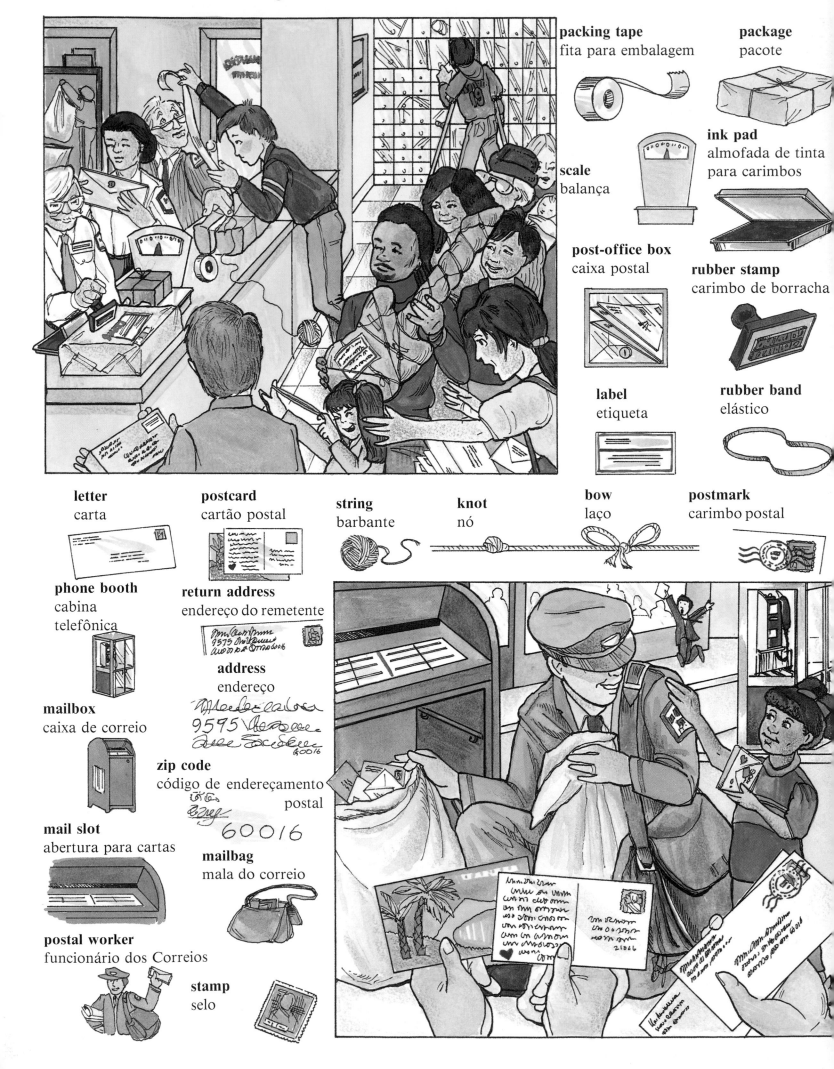

packing tape
fita para embalagem

package
pacote

ink pad
almofada de tinta
para carimbos

scale
balança

post-office box
caixa postal

rubber stamp
carimbo de borracha

label
etiqueta

rubber band
elástico

letter
carta

postcard
cartão postal

string
barbante

knot
nó

bow
laço

postmark
carimbo postal

phone booth
cabina
telefônica

return address
endereço do remetente

address
endereço

mailbox
caixa de correio

zip code
código de endereçamento
postal

60016

mail slot
abertura para cartas

mailbag
mala do correio

postal worker
funcionário dos Correios

stamp
selo

The Bank   O banco

paper clip
clipe

security guard
guarda de segurança

security camera
câmera de
segurança

safe
cofre

credit card
cartão de
crédito

typewriter
máquina de escrever

safety deposit box
caixa para depósitos
de segurança

notepad
bloco de anotações

file cabinet
arquivo

teller
caixa de banco

wallet
carteira de dinheiro

key
chave

lock
fechadura

receptionist
recepcionista

bill
cédula

coin
moeda

check
cheque

checkbook
talão de cheques

piggy bank
cofrinho em forma
de porco

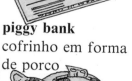

signature
assinatura

drive-in
drive-in

automatic teller
caixa
automático

14. At the Gas Station No posto de gasolina

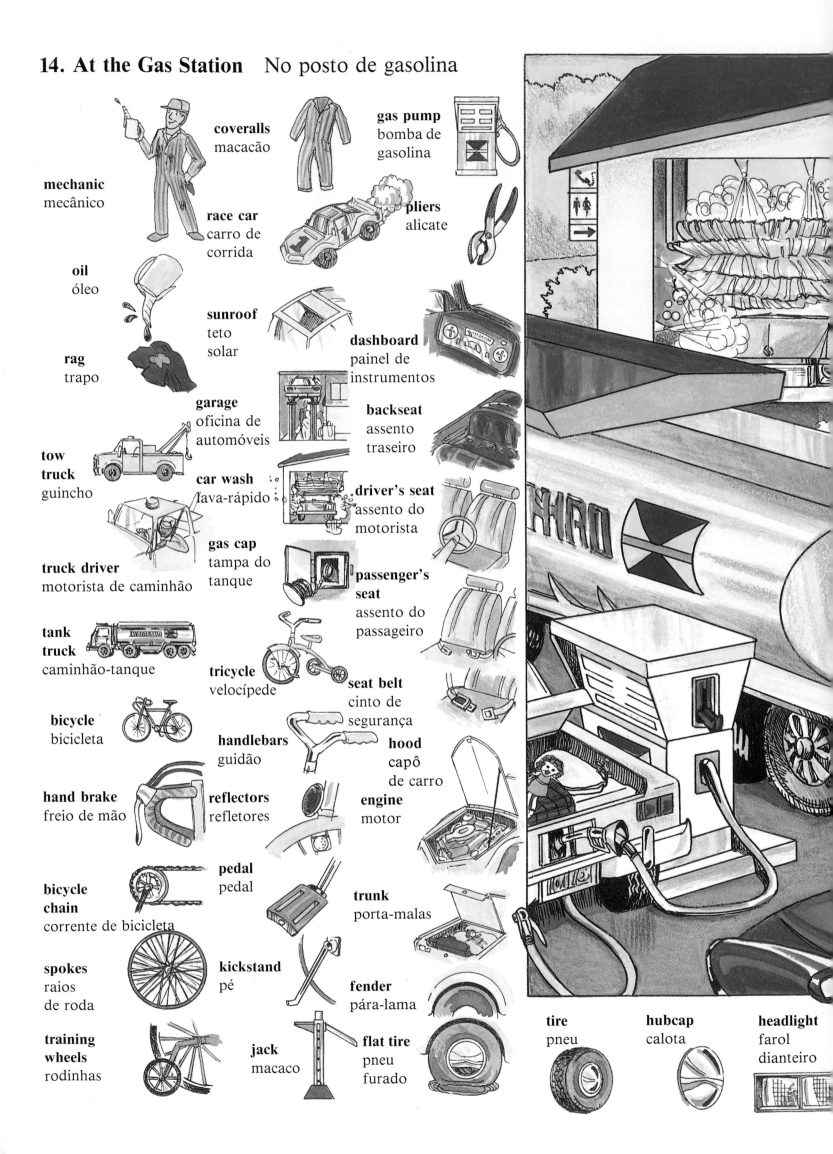

mechanic
mecânico

coveralls
macacão

gas pump
bomba de
gasolina

race car
carro de
corrida

pliers
alicate

oil
óleo

sunroof
teto
solar

rag
trapo

dashboard
painel de
instrumentos

garage
oficina de
automóveis

backseat
assento
traseiro

**tow
truck**
guincho

car wash
lava-rápido

driver's seat
assento do
motorista

truck driver
motorista de caminhão

gas cap
tampa do
tanque

**passenger's
seat**
assento do
passageiro

**tank
truck**
caminhão-tanque

tricycle
velocípede

seat belt
cinto de
segurança

bicycle
bicicleta

handlebars
guidão

hood
capô
de carro

hand brake
freio de mão

reflectors
refletores

engine
motor

pedal
pedal

trunk
porta-malas

**bicycle
chain**
corrente de bicicleta

spokes
raios
de roda

kickstand
pé

fender
pára-lama

**training
wheels**
rodinhas

jack
macaco

flat tire
pneu
furado

tire
pneu

hubcap
calota

headlight
farol
dianteiro

brake lights
lanternas do freio

windshield
pára-brisa

windshield wipers
limpadores de pára-brisa

steering wheel
volante

rearview mirror
espelho retrovisor

air hose
mangueira de ar

door handle
maçaneta da porta

15. People in our community As pessoas de nossa comunidade

saleswoman
vendedora

electrician
eletricista

judge
juíza

cook
cozinheiro

model
modelo

athlete
atleta

architect
arquiteta

doorman
porteiro

fire fighter
bombeiro

bus driver
motorista de
ônibus

television repairer
técnico de televisão

taxi driver
motorista de táxi

plumber
encanador

fashion designer
desenhista de
moda

tour guide
guia de
turismo

bookseller
livreiro

librarian
bibliotecária

computer programmer
programador de
computador

photographer
fotógrafo

gardener
jardineiro

painter
pintor

salesman
vendedor

secretary
secretária

weather forecaster
meteorologista

policewoman
policial
feminina

veterinarian
veterinária

disc jockey
disc jóquei

reporter
repórter

construction worker
operário de
construção

florist
florista

tailor
alfaiate

factory worker
operária

butcher
açougueiro

optician
óptica

jeweler
joalheiro

foreman
capataz

carpenter
carpinteiro

bank clerk
bancário

pharmacist
farmacêutico

sailor
marinheiro

lawyer
advogada

artist
artista

paramedic
auxiliar de
medicina

letter carrier
carteiro

fisherman
pescador

cowboy
vaqueiro

policeman
policial

astronomer
astrônomo

16. Going Places (Transportation)
Viagens (Transporte)

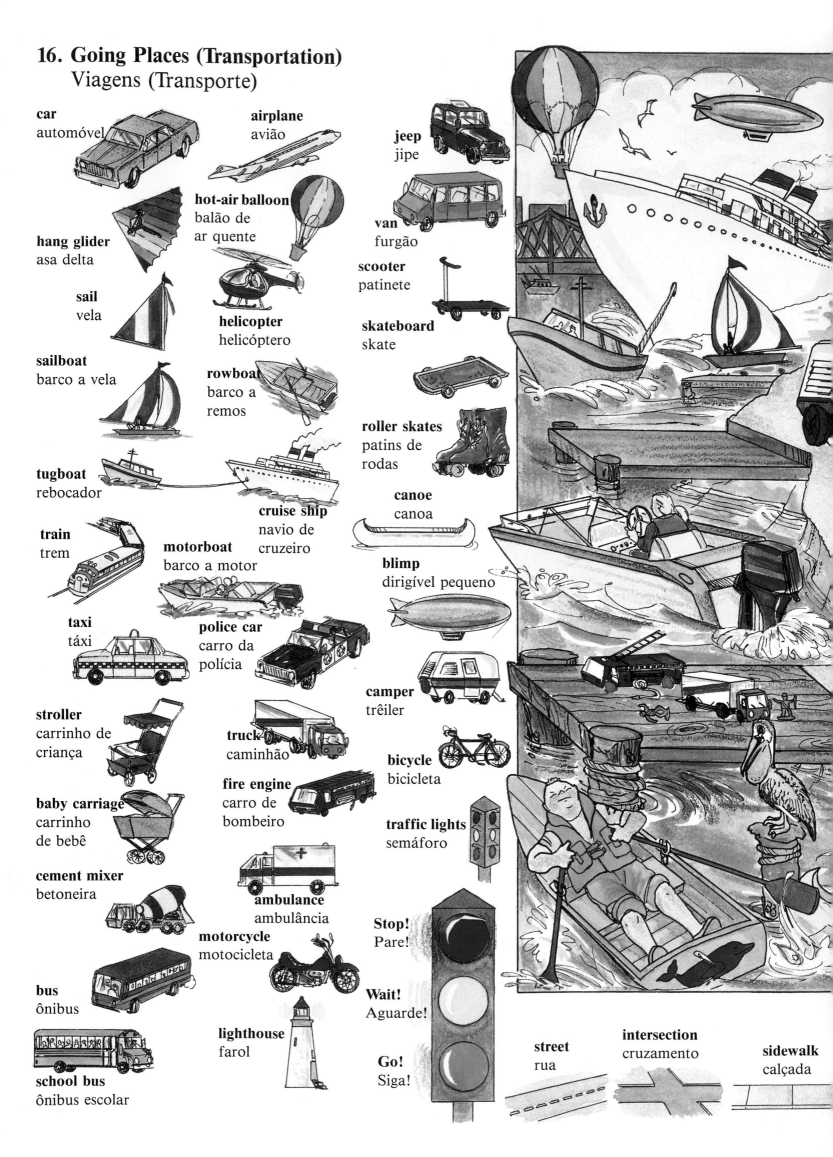

car
automóvel

airplane
avião

jeep
jipe

hot-air balloon
balão de
ar quente

van
furgão

hang glider
asa delta

scooter
patinete

sail
vela

helicopter
helicóptero

skateboard
skate

sailboat
barco a vela

rowboat
barco a
remos

roller skates
patins de
rodas

tugboat
rebocador

canoe
canoa

cruise ship
navio de
cruzeiro

train
trem

motorboat
barco a motor

blimp
dirigível pequeno

taxi
táxi

police car
carro da
polícia

stroller
carrinho de
criança

camper
trêiler

truck
caminhão

bicycle
bicicleta

baby carriage
carrinho
de bebê

fire engine
carro de
bombeiro

traffic lights
semáforo

cement mixer
betoneira

ambulance
ambulância

Stop!
Pare!

motorcycle
motocicleta

bus
ônibus

Wait!
Aguarde!

lighthouse
farol

school bus
ônibus escolar

Go!
Siga!

street
rua

intersection
cruzamento

sidewalk
calçada

dock
cais

bus stop
ponto de
ônibus

bridge
ponte

crosswalk
faixa para
pedestres

oar
remo

boat
barco

stop sign
sinal de
pare

17. The Airport   O aeroporto

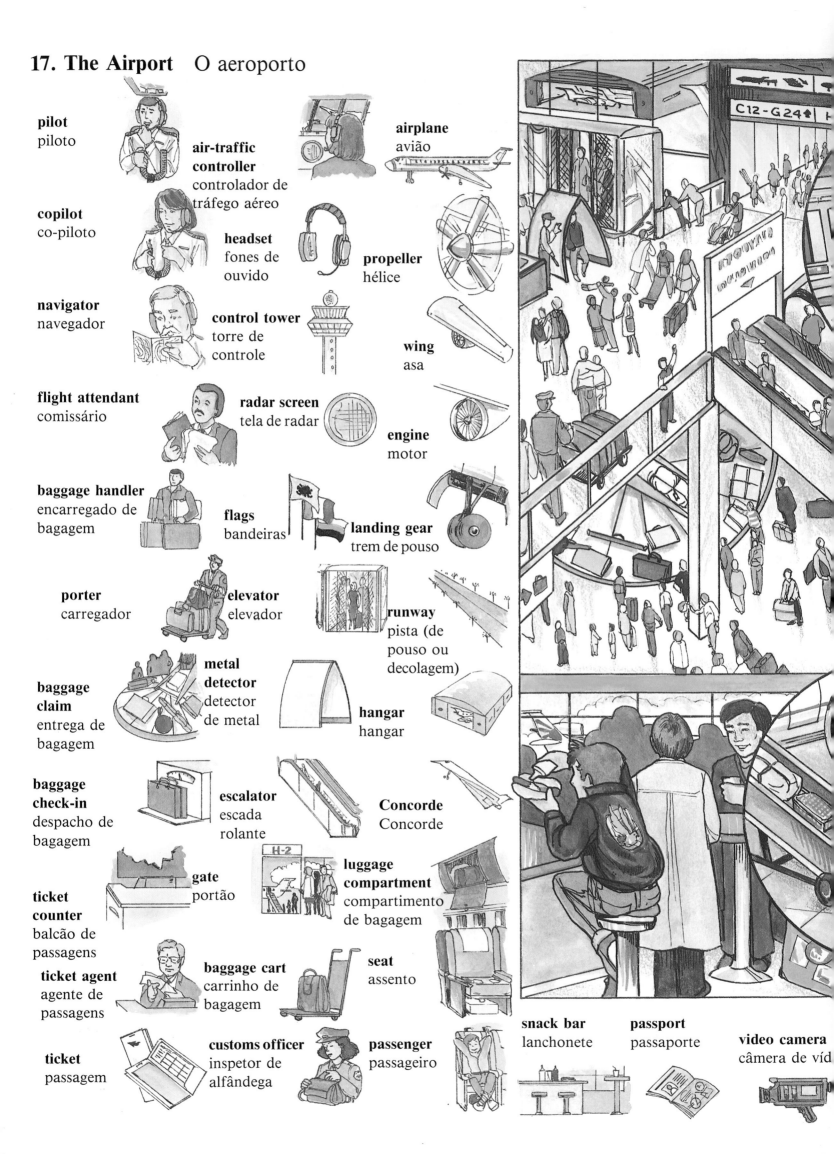

pilot
piloto

air-traffic controller
controlador de tráfego aéreo

headset
fones de ouvido

airplane
avião

propeller
hélice

copilot
co-piloto

navigator
navegador

control tower
torre de controle

wing
asa

flight attendant
comissário

radar screen
tela de radar

engine
motor

baggage handler
encarregado de bagagem

flags
bandeiras

landing gear
trem de pouso

porter
carregador

elevator
elevador

runway
pista (de pouso ou decolagem)

baggage claim
entrega de bagagem

metal detector
detector de metal

hangar
hangar

baggage check-in
despacho de bagagem

escalator
escada rolante

Concorde
Concorde

ticket counter
balcão de passagens

gate
portão

luggage compartment
compartimento de bagagem

ticket agent
agente de passagens

baggage cart
carrinho de bagagem

seat
assento

ticket
passagem

customs officer
inspetor de alfândega

passenger
passageiro

snack bar
lanchonete

passport
passaporte

video camera
câmera de víd

tennis racket
raquete de tênis

binoculars
binóculos

camera
máquina fotográfica

purse
bolsa

suitcase
maleta

garment bag
capa de terno

briefcase
pasta

18. Sports   Esportes

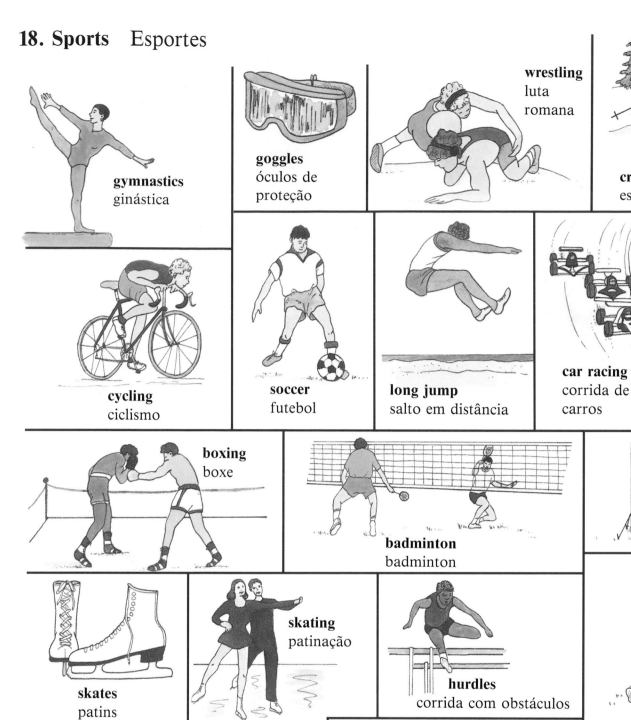

gymnastics
ginástica

goggles
óculos de
proteção

wrestling
luta
romana

cross country skiing
esquiagem através das matas

cycling
ciclismo

soccer
futebol

long jump
salto em distância

car racing
corrida de
carros

baseball
bola de
beisebol

boxing
boxe

badminton
badminton

net
rede

skates
patins

skating
patinação

hurdles
corrida com obstáculos

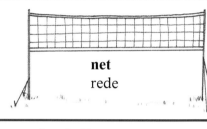

football
futebol americano

golf
golfe

medal
medalha

horseback riding
equitação

baseball
beisebol

jogging
cooper

hockey
hóquei

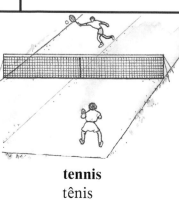

tennis
tênis

diving
mergulho

weight lifting
levantamento de peso

umpire
árbitro, juiz

bowling
boliche
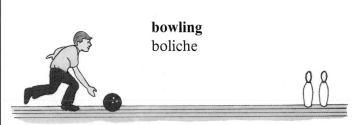

boxing gloves
luvas de boxe
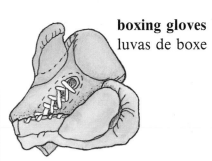

high jump
salto em altura

table tennis
pingue-pongue

skydiving
pára-quedismo

soccer ball
bola de futebol

bat
bastão

football
bola de futebol americano

parachute
pára-quedas

swimming pool
piscina

running
corrida

downhill skiing
esquiagem em declive

golf club
taco de golfe

trophy
troféu

horse racing
hipismo

helmet
capacete
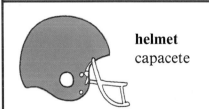

bicycle
bicicleta

skis
esquis

racket
raquete

sailing
navegação a vela

basketball
basquetebol

volleyball
voleibol

swimming
natação

referee
árbitro, juiz

19. The Talent Show   O espetáculo de calouros

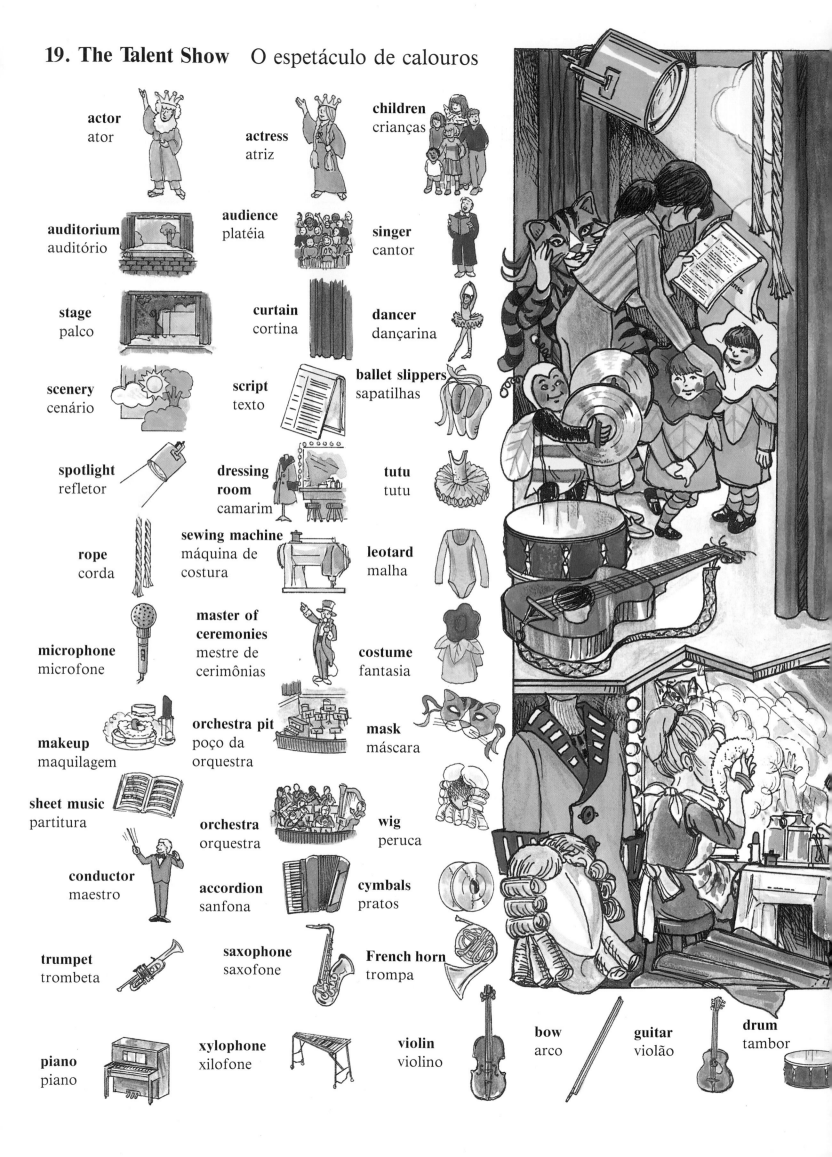

actor
ator

actress
atriz

children
crianças

auditorium
auditório

audience
platéia

singer
cantor

stage
palco

curtain
cortina

dancer
dançarina

scenery
cenário

script
texto

ballet slippers
sapatilhas

spotlight
refletor

dressing room
camarim

tutu
tutu

rope
corda

sewing machine
máquina de costura

leotard
malha

microphone
microfone

master of ceremonies
mestre de cerimônias

costume
fantasia

makeup
maquilagem

orchestra pit
poço da orquestra

mask
máscara

sheet music
partitura

orchestra
orquestra

wig
peruca

conductor
maestro

accordion
sanfona

cymbals
pratos

trumpet
trombeta

saxophone
saxofone

French horn
trompa

piano
piano

xylophone
xilofone

violin
violino

bow
arco

guitar
violão

drum
tambor

tuba
tuba

flute
flauta

trombone
trombone

clarinet
clarineta

cello
violoncelo

strings
cordas

harp
harpa

20. At the Zoo   No jardim zoológico

zookeeper
tratador de animais

elephant
elefante

animals
animais

rhinoceros
rinoceronte

ostrich
avestruz

fox
raposa

lion
leão

bear
urso

wolf
lobo

tiger
tigre

bear cub
filhote de urso

alligator
jacaré

tiger cub
filhote de tigre

polar bear
urso polar

zebra
zebra

jaguar
onça pintada

panda
panda

giraffe
girafa

leopard
leopardo

gorilla
gorila

monkey
macaco

flamingo
flamingo

macaw
arara

hippopotamus
hipopótamo

owl
coruja

snake
cobra

kangaroo
canguru

swan
cisne

seal
foca

deer
veado

penguin
pingüim

walrus
vaca-marinha

lizard
lagarto

peacock
pavão

hump
corcova

turtle
tartaruga

eagle
águia

camel
camelo

horns
chifres

wings
asas

feathers
penas

beak
bico

paw
pata

claws
garras

mane
crina

tail
rabo

hoof
casco

stripes
listras

spots
pintas

21. At the Circus   No circo

clown
palhaço

magician
mágico

juggler
malabarista

ticket booth
bilheteria

popcorn
pipoca

lion
leão

tickets
ingressos

stilts
pernas de pau

caramel apple
maçã do amor

tent pole
mastro do circo

baton
bastão

big top
tenda de circo

baloon
balão

elephant
elefante

turban
turbante

circus parade
desfile circense

peanuts
amendoins

flashbulb
flash

lightbulb
lâmpada elétrica

film
filme

camera
máquina fotográfica

night
noite

rest rooms
banheiros públicos

bareback rider
amazona

tightrope walker
equilibrista

tightrope
corda esticada

handstand
parada
de mão

headstand
parada de
cabeça

trapeze
trapézio

acrobat
acrobata

somersault
cambalhota

trapeze artist
trapezista

cage
jaula

ring
picadeiro

cartwheel
salto mortal

band
banda

hoop
aro

cotton candy
algodão doce

safety net
rede de
segurança

rope ladder
escada de
corda

cape
capa

lion tamer
domador de
leões

whip
chicote

rope
corda

ringmaster
diretor
do circo

unicycle
monociclo

22. In the Ocean
No oceano

scuba diver
mergulhador

wet suit
traje de
mergulho

flipper
pé-de-pato

oxygen tank
tanque de oxigênio

snorkel
tubo de
respiração

mask
máscara

starfish
estrela-
do-mar

jellyfish
água-viva

sea turtle
tartaruga-
do-mar

lobster
lagosta

stingray
raia-lixa

dolphin
golfinho

shark
tubarão

octopus
polvo

tentacle
tentáculo

swordfish
peixe-espada

angelfish
peixe-anjo

school (of fish)
cardume

fishing line
linha de
pescar

fishhook
anzol

buoy
bóia

submarine
submarino

porthole
vigia

sea urchin
ouriço-
do-mar

sea horse
cavalo-
marinho

seaweed
alga marinha

shipwreck
naufrágio

helm
timão

cannon
canhão

anchor
âncora

treasure chest
arca do tesouro

treasure
tesouro

gold
ouro

silver
prata

jewel
pedra
preciosa

barnacle
molusco

coral
coral

coral reef
banco de
coral

seashell
concha marinha

wave
onda

sand
areia

bubble
bolha

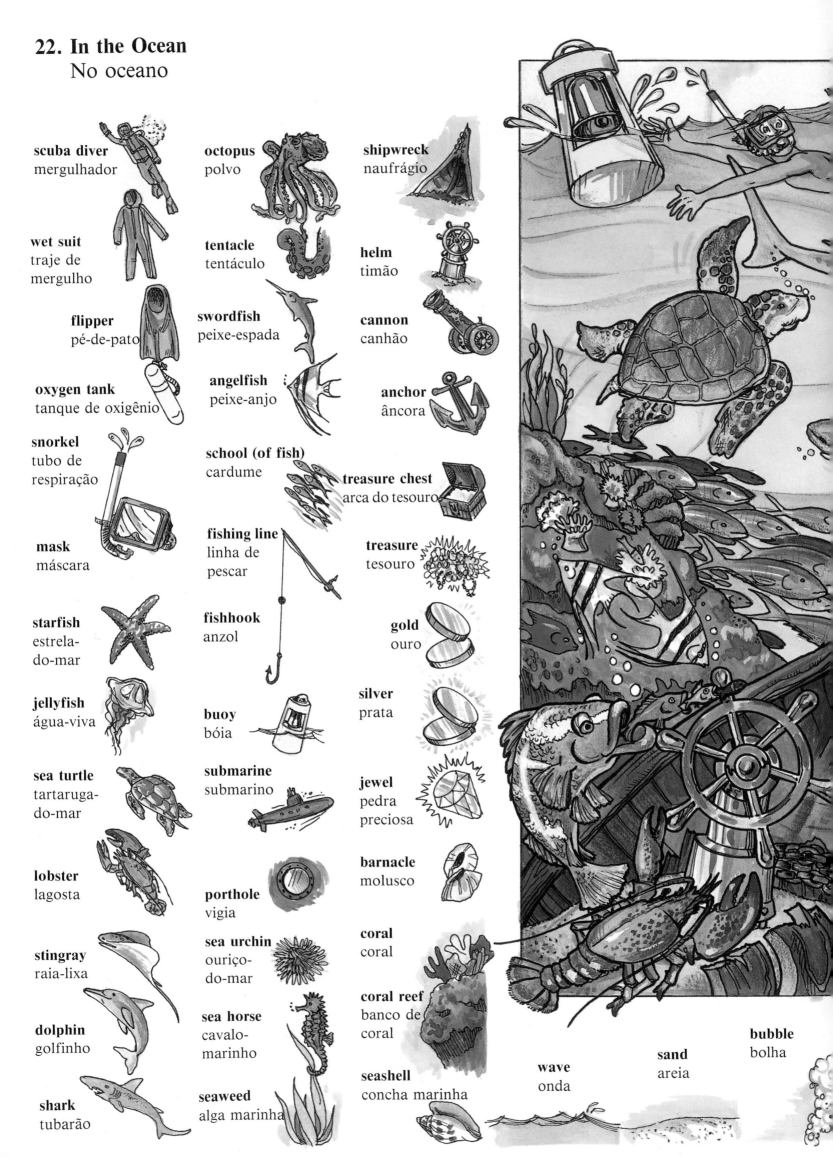

scales
escamas

gills
guelras

fin
barbatana

clam
mexilhão

crab
caranguejo

squid
lula

whale
baleia

23. Space
O espaço sideral

astronaut
astronauta

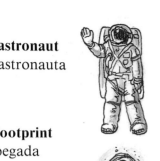

footprint
pegada

space suit
traje
espacial

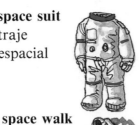

space walk
passeio
espacial

space helmet
capacete
espacial

moon rock
pedra lunar

space shuttle
ônibus espacial

cargo bay
compartimento
de carga

lunar rover
módulo lunar

laboratory
laboratório

**landing
capsule**
cápsula de
pouso

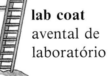

scientist
cientista

control panel
painel de controle

ladder
escada

lab coat
avental de
laboratório

satellite
satélite

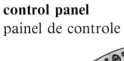

space station
estação
espacial

microscope
microscópio

spaceship
espaçonave

solar panel
painel solar

computer
computador

alien
alienígena

**meteor
shower**
chuva de
meteoros

beaker
béquer

antenna
antena

test tube
tubo de
ensaio

constellation
constelação

asteroid
asteróide

**solar
system**
sistema
solar

galaxy
galáxia

Earth
Terra

the moon
a Lua

the sun
o Sol

anet
aneta

rings
anéis

crater
cratera

stars
estrelas

comet
cometa

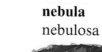

nebula
nebulosa

rocket
foguete

robot
robô

24. Human History
História da humanidade

rock
rocha

boulder
penedo

bone
osso

insect
inseto

fern
samambaia

tree
árvore

cave
caverna

fur
pele

fire
fogo
fogueira

stick
graveto

wheel
roda

flint
pedra-de-fogo

arrowhead
ponta de
flecha

club
clava

spear
lança

mammoth
mamute

tusk
presa

trunk
tromba

bison
bisão

paint
tinta

cave drawing
gravura
rupestre

hut
cabana

corn
milho

wheat
trigo

weaver
tecelã

loom
tear

kiln
forno

potter
oleiro

pot
vasos de
barro

clay
barro

cart
carroça

basket
cesto

leather
couro

fishing
pesca

hunter
caçador

well
poço

bucket
balde

water
água

cloth
pano

saber-toothed tiger
tigre-dente-de-sabre

crop
colheita

field
campo

village
aldeia

cave dwellers
habitantes das
cavernas

skeleton
esqueleto

dinosaur
dinossauro

pterodactyl
pterodáctilo

25. The Make-Believe Castle
O castelo do faz-de-conta

banner
estandarte

dragon
dragão

magic wand
vara de
condão

fairy
fada

elf
duende

giant
gigante

forge
forja

blacksmith
ferreiro

anvil
bigorna

horseshoe
ferradura

tower
torre

courtyard
pátio do
castelo

squire
escudeiro

knight
cavaleiro

armor
armadura

chain mail
cota de
malha

forest
floresta

saddle
sela

stirrup
estribo

reins
rédeas

stable
estábulo

dungeon
calabouço

moat
fosso

castle
castelo

court jester
bobo da
corte

minstrel
menestrel

unicorn
unicórnio

lance
lança

shield
escudo

ax
machado

sword
espada

bow
arco

arrow
flecha

quiver
aljava

archer
arqueiro

drawbridge
ponte
levadiça

bat
morcego

rat
rato

crown
coroa

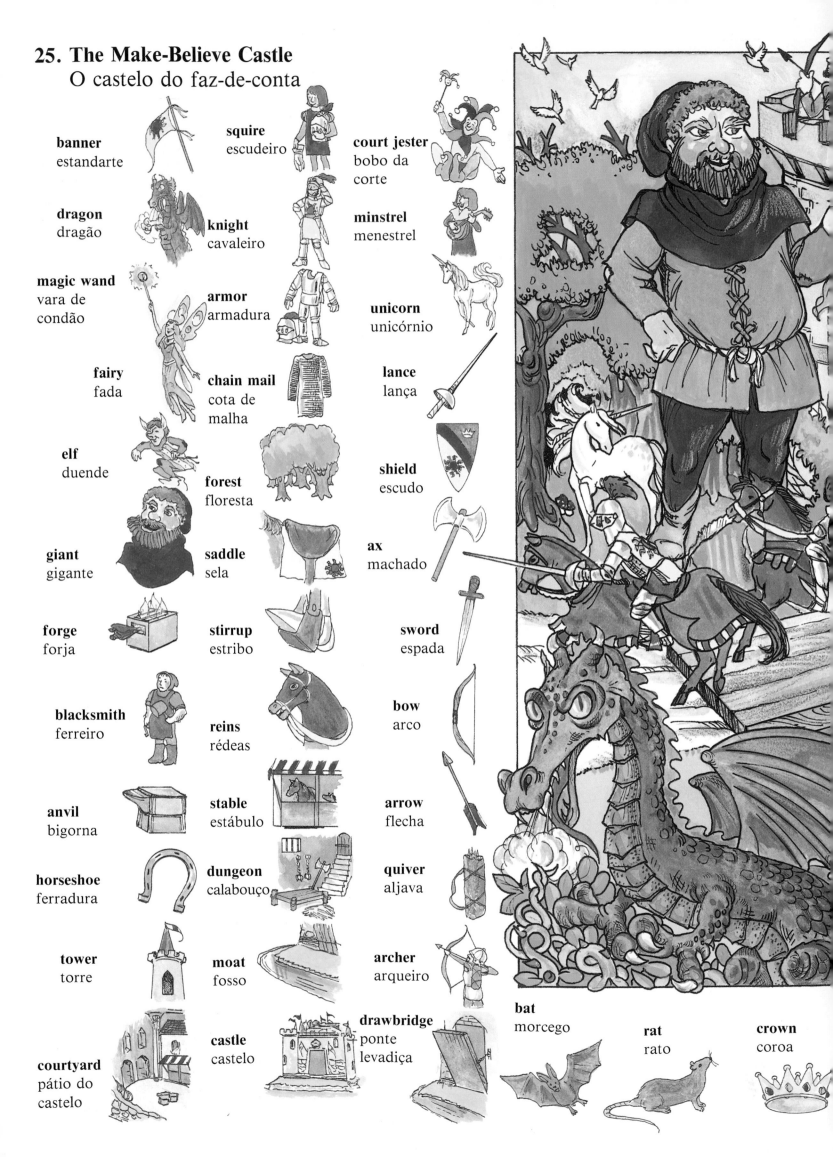

king	queen	princess	prince	throne	spider	spiderweb
rei	rainha	princesa	príncipe	trono	aranha	teia de aranha

26. The Mouse Hunt (Prepositions and Adjectives)
A caçada ao camundongo (Preposições e Adjetivos)

behind atrás de

on top of em cima de

in front of na frente de

good bom

above acima

inside dentro

outside fora

bad mau

soft macio

under debaixo de

next to junto de

tall alto

short baixo

wide largo

narrow estreito

heavy pesado

difficult difícil

large grande

medium médio

small pequeno

dry seco

wet molhado

full cheio

empty vazio

fat gordo

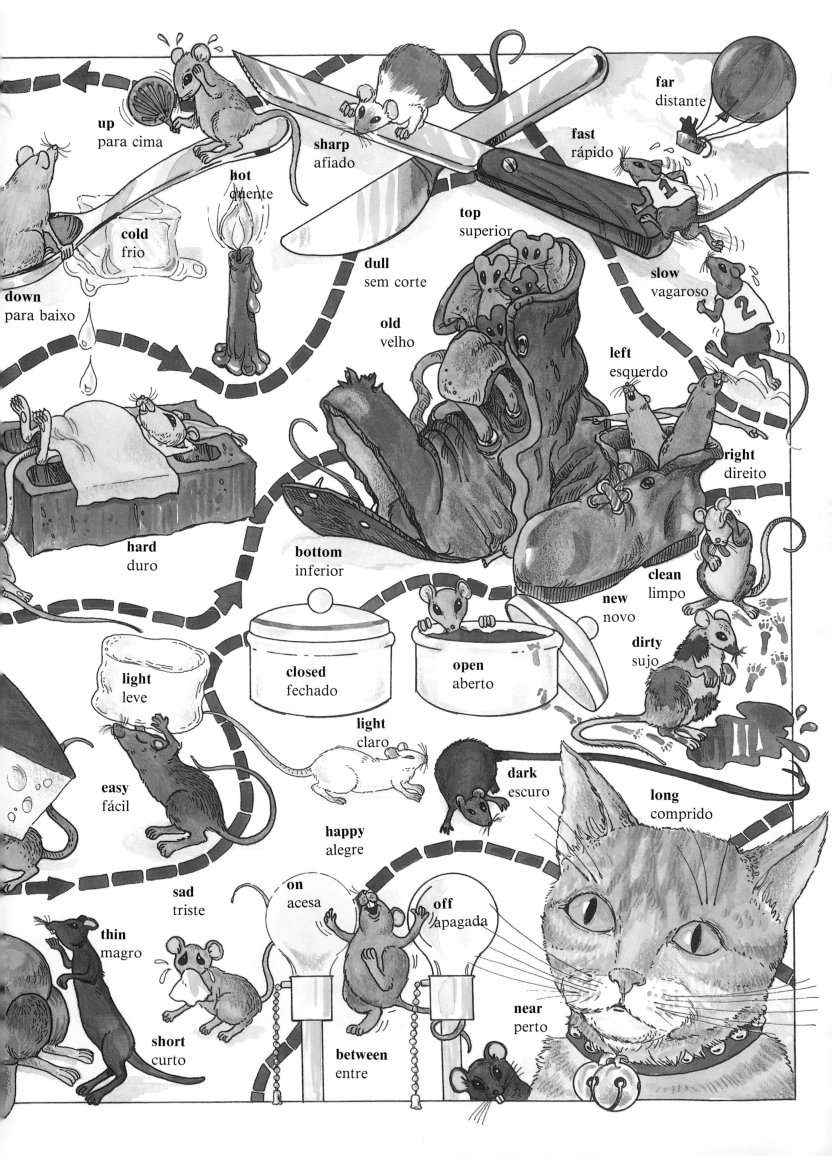

27. Action Words   Palavras que indicam ação

to drink beber   **to eat** comer

to sleep dormir

to wash lavar

to skate patinar

to fall cair

to cry chorar

to laugh rir

to fly voar

to write escrever

to read ler

to play (a game) jogar (um jogo)

to play (an instrument) tocar (um instrumento)

to sit down sentar-se

to stand up levantar-se

to dance dançar

to walk caminhar

to run correr

to climb trepar

to jump pular

to drive guiar

to push empurrar

to sell vender

to buy comprar

to ski esquiar

to dive mergulhar

to swim nadar

to paint pintar

to draw desenhar

to ride a bicycle andar de bicicleta

to come
vir

to go
ir

to throw
arremessar

to catch
pegar

to watch
assistir a

to sing
cantar

to talk
conversar

to kick
chutar

to listen (to)
escutar

to think
pensar

to roar
rugir

to dig
cavar

to pour
despejar

to juggle
fazer malabarismo

to point (at)
apontar (para)

to look for
procurar

to find
encontrar

to give
dar

to receive
receber

to cut
cortar

to cook
cozinhar

to open
abrir

to close
fechar

to take a bath
tomar banho

to teach
ensinar

to break
quebrar

to fix
consertar

to carry
carregar

to pull
puxar

to wait
esperar

28. Colors   Cores

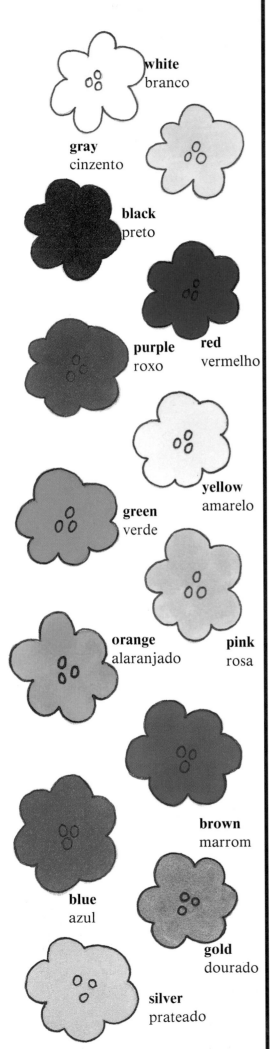

white
branco

gray
cinzento

black
preto

purple
roxo

red
vermelho

yellow
amarelo

green
verde

orange
alaranjado

pink
rosa

brown
marrom

blue
azul

gold
dourado

silver
prateado

29. The Family Tree   A árvore genealógica

grandmother, grandma
avó, vovó

mother, mom
mãe, mamãe

father, dad
pai, papai

son
filho

brother
irmão

sister
irmã

grandfather, grandpa
avô, vovô

uncle
tio

aunt
tia

cousin
primo

cousin
prima

daughter
filha

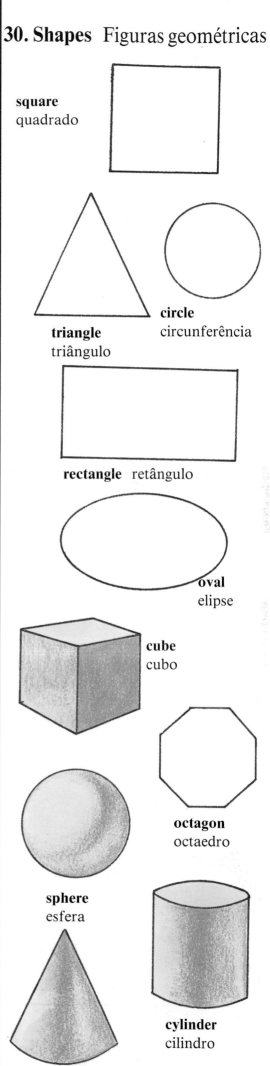

30. Shapes Figuras geométricas

square
quadrado

triangle
triângulo

circle
circunferência

rectangle retângulo

oval
elipse

cube
cubo

octagon
octaedro

sphere
esfera

cylinder
cilindro

cone
cone

31. Numbers   Números

Ordinal Numbers
Números ordinais

tenth décimo

ninth nono

eighth oitavo

sixth sexto

seventh sétimo

fourth quarto

fifth quinto

second segundo

third terceiro

first primeiro

Cardinal Numbers
Números cardinais

0 zero — zero

½ one-half — meio

1 one — um

2 two — dois

3 three — três

4 four — quatro

5 five — cinco

6 six — seis

16 sixteen — dezesseis

17 seventeen — dezessete

18 eighteen — dezoito

19 nineteen — dezenove

20 twenty — vinte

21 twenty-one — vinte e um

28 twenty-eight — vinte e oito

29 twenty-nine — vinte e nove

30 thirty — trinta

31 thirty-one — trinta e um

37 thirty-seven — trinta e sete

38 thirty-eight — trinta e oito

39 thirty-nine — trinta e nove

40 forty — quarenta

46 forty-six — quarenta e seis

47 forty-seven — quarenta e sete

48 forty-eight — quarenta e oito

49 forty-nine — quarenta e nove

55 fifty-five — cinqüenta e cinco

56 fifty-six — cinqüenta e seis

57 fifty-seven — cinqüenta e sete

58 fifty-eight — cinqüenta e oito

64 sixty-four — sessenta e quatro

65 sixty-five — sessenta e cinco

66 sixty-six — sessenta e seis

67 sixty-seven — sessenta e sete

73 seventy-three — setenta e três

74 seventy-four — setenta e quatro

75 seventy-five — setenta e cinco

76 seventy-six — setenta e seis

82 eighty-two — oitenta e dois

83 eighty-three — oitenta e três

84 eighty-four — oitenta e quatro

85 eighty-five — oitenta e cinco

91 ninety-one — noventa e um

92 ninety-two — noventa e dois

93 ninety-three — noventa e três

94 ninety-four — noventa e quatro

100 one hundred — 100 cem

1,000 one thousand — 1.000 mil/milhar

10,000 ten thousand — 10.000 dez mil

7 seven sete	**8** eight oito	**9** nine nove	**10** ten dez	**11** eleven onze
12 twelve doze	**13** thirteen treze	**14** fourteen quatorze	**15** fifteen quinze	

22 twenty-two — vinte e dois
23 twenty-three — vinte e três
24 twenty-four — vinte e quatro
25 twenty-five — vinte e cinco
26 twenty-six — vinte e seis
27 twenty-seven — vinte e sete

32 thirty-two — trinta e dois
33 thirty-three — trinta e três
34 thirty-four — trinta e quatro
35 thirty-five — trinta e cinco
36 thirty-six — trinta e seis

41 forty-one — quarenta e um
42 forty-two — quarenta e dois
43 forty-three — quarenta e três
44 forty-four — quarenta e quatro
45 forty-five — quarenta e cinco

50 fifty — cinqüenta
51 fifty-one — cinqüenta e um
52 fifty-two — cinqüenta e dois
53 fifty-three — cinqüenta e três
54 fifty-four — cinquenta e quatro

59 fifty-nine — cinqüenta e nove
60 sixty — sessenta
61 sixty-one — sessenta e um
62 sixty-two — sessenta e dois
63 sixty-three — sessenta e três

68 sixty-eight — sessenta e oito
69 sixty-nine — sessenta e nove
70 seventy — setenta
71 seventy-one — setenta e um
72 seventy-two — setenta e dois

77 seventy-seven — setenta e sete
78 seventy-eight — setenta e oito
79 seventy-nine — setenta e nove
80 eighty — oitenta
81 eighty-one — oitenta e um

86 eighty-six — oitenta e seis
87 eighty-seven — oitenta e sete
88 eighty-eight — oitenta e oito
89 eighty-nine — oitenta e nove
90 ninety — noventa

95 ninety-five — noventa e cinco
96 ninety-six — noventa e seis
97 ninety-seven — noventa e sete
98 ninety-eight — noventa e oito
99 ninety-nine — noventa e nove

100,000 one hundred thousand — 100.000 cem mil
1,000,000 one million — 1.000.000 um milhão
1,000,000,000 one billion — 1.000.000.000 um bilhão

32. A Map of the World   Mapa-múndi

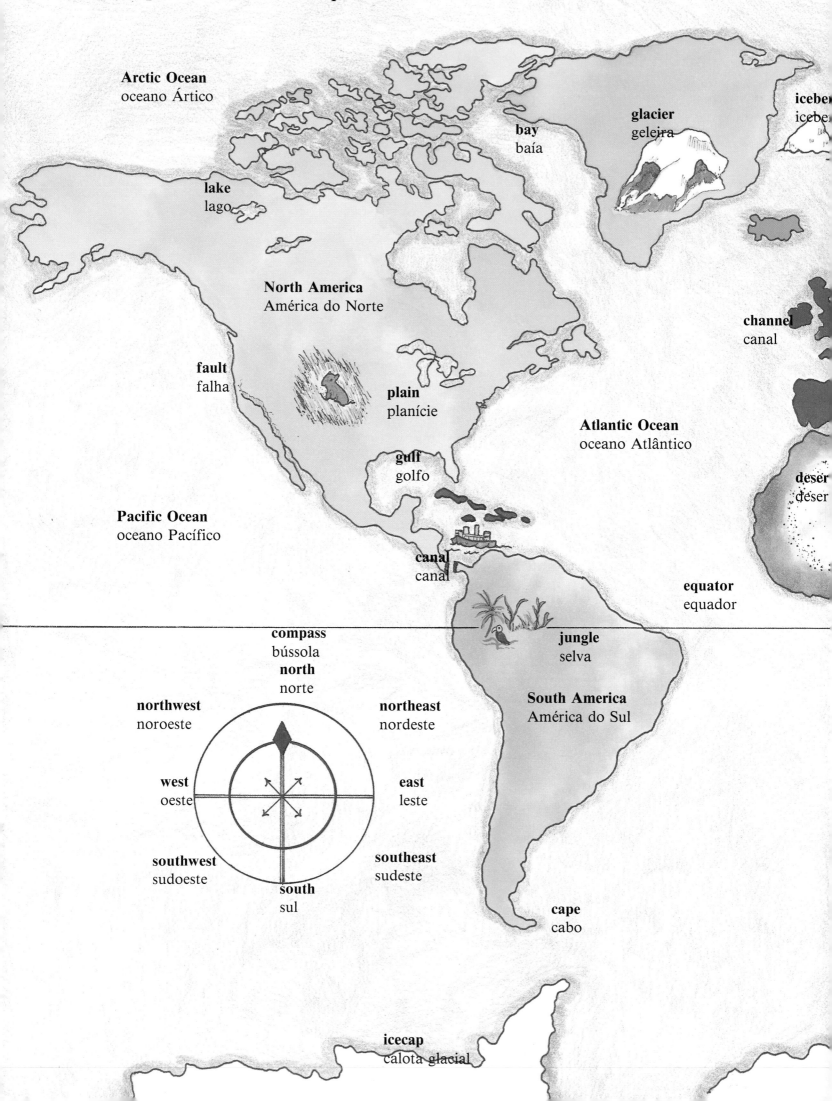

Arctic Ocean
oceano Ártico

bay
baía

glacier
geleira

iceber
iceber

lake
lago

North America
América do Norte

channel
canal

fault
falha

plain
planície

Atlantic Ocean
oceano Atlântico

gulf
golfo

deser
deser

Pacific Ocean
oceano Pacífico

canal
canal

equator
equador

compass
bússola
north
norte

jungle
selva

northwest
noroeste

northeast
nordeste

South America
América do Sul

west
oeste

east
leste

southwest
sudoeste

southeast
sudeste

south
sul

cape
cabo

icecap
calota glacial

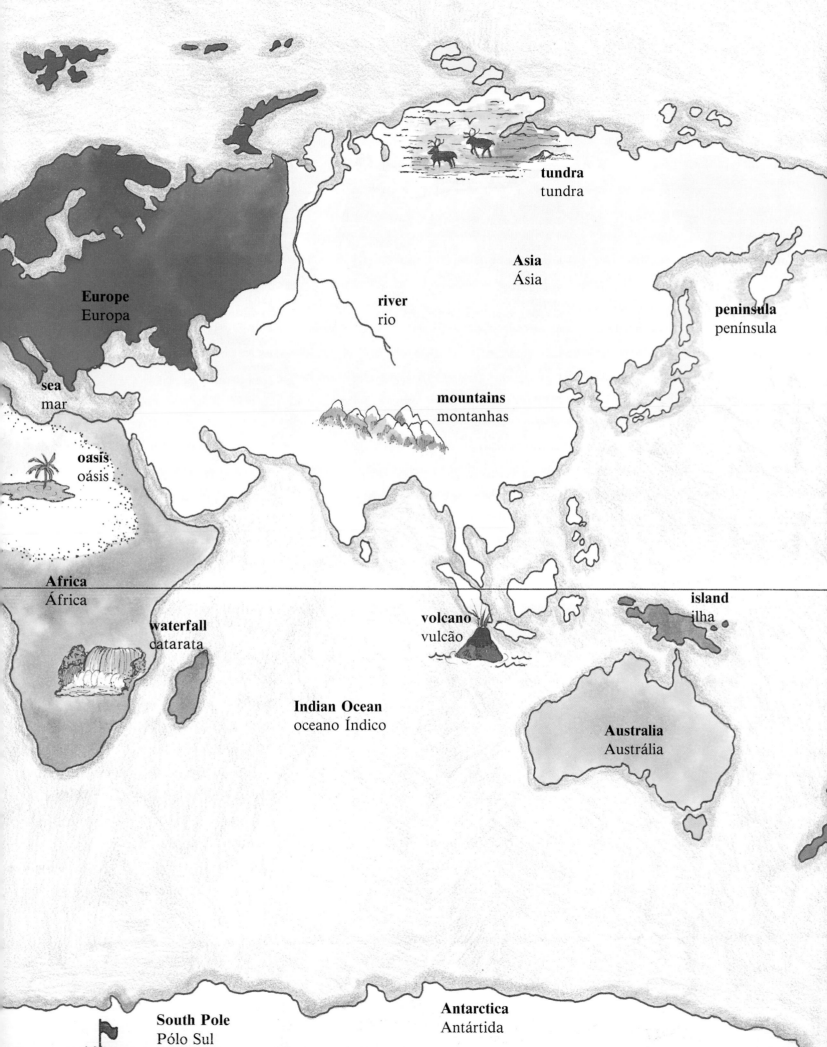

North Pole
Pólo Norte

tundra
tundra

Asia
Ásia

river
rio

peninsula
península

Europe
Europa

sea
mar

mountains
montanhas

oasis
oásis

Africa
África

waterfall
catarata

volcano
vulcão

island
ilha

Indian Ocean
oceano Índico

Australia
Austrália

South Pole
Pólo Sul

Antarctica
Antártida

Portuguese-English Glossary and Index

The Portuguese-English Glossary and Index gives the English meaning for each word and the number of the picture where you can find the word

borboleta butterfly, 5
borracha eraser, 1
borrifador sprinkler, 5
botão button, 7
botas boots, 7
botas de boiadeiro cowboy boots, 4
botas para caminhadas hiking boots, 7
boxe boxing, 18
braço arm, 11
branco white, 28
brinco earring, 7
brinquedos toys, 4
brócolos broccoli, 10
bússola compass, 32

cabana hut, 24
cabeça head, 11
cabeleireira cabeleireiro hairstylist, 12
cabelo, cabelos hair, 12
cabide hanger, 2
cabina telefônica phone booth, 13
cabo cape, 32
cabra goat, 9
cabrito kid, 9
caçada hunt, 26
caçador hunter, 24
cachecol scarf, 7
cachoeira waterfall, 32
cachorrinho puppy, 9
cachorro dog, 9
cacto cactus, 1
cadarço shoelace, 7
cadeia jail, 8
cadeira chair, 3
cadeira de balanço rocking chair, 2, 4
cadeira de rodas wheelchair, 11
caderno notebook, 1
caderno para colorir coloring book, 4
café coffee, 10
café da manhã breakfast, 10
cair to fall, 27
cais dock, 16
caixa automático automatic teller, 13
caixa box, 4
caixa cashier, 6
caixa de banco teller, 13
caixa de correio mailbox, 13
caixa de ferramentas toolbox, 3
caixa de música music box, 4
caixa para depósitos de segurança safety
    deposit box, 13
caixa postal post-office box, 13
caixa registradora cash register, 6
calabouço dungeon, 25
calçada sidewalk, 16
calças de malha de algodão sweatpants, 7
calças jeans jeans, 7
calças pants, 7
calculadora calculator, 1
calota glacial icecap, 32
calota hubcap, 14
cama bed, 2
camarim dressing room, 19
cambalhota somersault, 21
camelo camel, 20
câmera de segurança security camera, 13
câmera de vídeo video camera, 17
caminhão truck, 16
caminhão-tanque tank truck, 14
caminhar to walk, 27
camisa shirt, 7
camiseta T-shirt, 7
campo country, 9
campo field, 24
camundongo mouse, 9, 26

canal canal, channel 32
caneta pen, 1
canguru kangaroo, 20
canhão cannon, 22
canoa canoe, 16
cantar to sing, 27
canteiro de flores flowerbed, 5
cantor singer, 19
canudinho straw, 10
capa cape, 21
capa de chuva raincoat, 7
capa de terno garment bag, 17
capacete helmet, 18
capacete espacial space helmet, 23
capataz foreman, 15
capim grass, 9
capota de carro hood, 14
capsula de pouso landing capsule, 23
capuz hood, 7
caranguejo crab, 22
cardápio menu, 10
cardume school (of fish), 22
careca bald, 12
carimbo de borracha rubber stamp, 13
carimbo postal postmark, 13
carne meat, 6
carneiro sheep, 9
carpinteiro carpenter, 15
carregador porter, 17
carregar to carry, 27
carrinho de bagagem baggage cart, 17
carrinho de bebê baby carriage, 16
carrinho de compras shopping cart, 6
carrinho de criança stroller, 16
carrinho de neve snowmobile, 5
carro da polícia police car, 16
carro de bombeiro fire engine, 16
carro de corrida race car, 14
carroça cart, 24
carta letter, 13
cartão de crédito credit card, 13
cartão postal postcard, 13
cartas (de jogar) cards, 4
cartaz poster, 2
cartaz sign, 6
carteira de dinheiro wallet, 13
carteira escolar pupil desk, 1
carteiro letter carrier, 15
cartola top hat, 4
casa house, 2
casa de boneca dollhouse, 4
casaco coat, 7
casco hoof, 20
castanho brown, 12
castelo castle, 25
catarata waterfall, 32
catchup ketchup, 10
caule stem, 5
cavaleiro knight, 25
cavalete easel, 1
cavalinho de balanço rocking horse, 4
cavalo horse, 9
cavalo-marinho sea horse, 22
cavar to dig, 27
caverna cave, 24
CD (disco compacto) compact disc, 2
cebolas onions, 6
cédula bill, 13
cem one hundred, 31
cem mil one hundred thousand, 31
cenário scenery, 19
cenouras carrots, 6
centena hundred, 31
cerca fence, 9
cereal cereal, 6
cerejas cherries, 6

cesta de lixo wastebasket, 1
cesto basket, 24
céu sky, 9
chá tea, 10
chaleira, kettle, 3
chaminé chimney, 2, smokestack 8
chapéu de boiadeiro cowboy hat, 4
chapéu hat, 4, 7
chave key, 13
chave de fenda screwdriver, 3
chave inglesa wrench, 3
cheio full, 26
cheque check, 13
chicote whip, 21
chifres horns, 9, 20
chocolate chocolate, 6
chorar to cry, 27
churrasco, churrasqueira barbecue, 5
chutar to kick, 27
chuva rain, 5
chuva de meteoros meteor shower, 23
chuveiro shower, 2
ciclismo cycling, 18
cidade city, 8
cientista scientist, 23
cilindro cylinder, 30
cinco five, 31
cinema movie theater, 8
cinqüenta fifty, 31
cinqüenta e dois fifty-two, 31
cinqüenta e cinco fifty-five, 31
cinqüenta e nove fifty-nine, 31
cinqüenta e oito fifty-eight, 31
cinqüenta e quatro fifty-four, 31
cinqüenta e seis fifty-six, 31
cinqüenta e sete fifty-seven, 31
cinqüenta e três fifty-three, 31
cinqüenta e um fifty-one, 31
cinto belt, 7
cinto de segurança seat belt, 14
cinzento gray, 28
circo circus, 21
circunferência circle, 30
cisne swan, 20
clarineta clarinet, 19
claro light, 26
clava club, 24
clipe paper clip, 13
co-piloto copilot, 17
cobertor blanket, 2
cobra snake, 20
cocheira barn, 9
código de endereçamento postal zip code,
    13
coelho rabbit, 9
cofre safe, 13
cofrinho em forma de porco piggy bank, 13
cogumelo mushroom, 10
cola glue, 1
colar necklace, 7
colete down vest, 7
colheita crop, 24
colher spoon, 10
colina hill, 9
comer to eat, 27
cometa comet, 23
comida congelada frozen dinner, 6
comida meals, 10
comissário flight attendant, 17
compartimento de bagagem luggage
    compartment, 17
compartimento de carga cargo bay, 23
compasso compass, 1
comprar to buy, 27
comprido long, 12, 26
computador computer, 23

pedra lunar moon rock, 23
pedra preciosa jewel, 22
pedra-de-fogo flint, 24
pegada footprint, 23
pegar to catch, 27
peixe fish, 1, 10
peixe-anjo angelfish, 22
peixe-espada swordfish, 22
pele fur, 24
penas feathers, 20
penedo boulder, 24
península peninsula, 32
pensar to think, 26
pente comb, 12
pequeno small, 26
perna leg, 11
pernas de pau stilts, 21
persianas venetian blinds, 2
perto near, 26
peruca wig, 19
pesado heavy, 26
pesca fishing, 24
pescador fisherman, 15
pêssego peach, 6
pessoas people, 15
pétala petal, 5
pia sink, 3
piano piano, 19
picadeiro ring, 21
pijamas pajamas, 7
piloto pilot, 17
pílula pill, 11
pimenta pepper, 10
pincel paintbrush, 1
pingue-pongue table tennis, 18
pingüim penguin, 20
pingo de chuva raindrop, 5
pintar to paint, 27
pintas spots, 20
pintinho chick, 9
pintor painter, 15
pipa kite, 5
pipoca popcorn, 21
piquenique picnic, 9
pires saucer, 10
piscina swimming pool, 18
piso floor, 2
pista (de pouso ou decolagem) runway, 17
planeta planet, 23
planície plain, 32
planta plant, 1
platéia audience, 19
pluma feather, 4
pneu tire, 14
pneu furado flat tire, 14
pó dust, 4
pó-de-arroz powder, 12
poça puddle, 5
poço well, 24
poço da orquestra orchestra pit, 19
polegar thumb, 11
policial policeman, 15
policial feminina policewoman, 15
pólo norte North pole, 32
pólo sul South Pole, 32
poltrona armchair, 2
polvo octopus, 22
ponta de flecha arrowhead, 24
ponte bridge, 16
ponte levadiça drawbridge, 25
ponteiro (de relógio) hand, 1
ponto de ônibus bus stop, 16
porco pig, 9
porquinho piglet, 9
porta door, 2
porta-malas trunk, 14

portão gate, 17
porteiro doorman, 15
posto de bombeiros fire station, 8
posto de gasolina gas station, 14
potro colt, 9
praça square, 8
praia beach, 8
prata (metal) silver, 22
prateado silver, 28
prateleira shelf, 2
prato plate, 10
pratos cymbals, 19
pratos dishes, 3
preço price, 6
prédio de apartamentos apartment
    building, 8
prego nail, 3
prendedor de cabelo barrette, 12
preposições prepositions, 26
presa tusk, 24
presente gift, 10
presunto ham, 10
preto black, 12, 28
primavera Spring, 5
primeiro first, 31
primo, prima, cousin, 29
princesa princess, 25
príncipe prince, 25
privada toilet, 2
problema de aritmética arithmetic
    problem, 1
procurar to look for, 27
professor, professora teacher, 1
programador de computador computer
    programmer, 15
projetor cinematográfico movie projector,
    4
pterodáctilo pterodactyl, 24
pular to jump, 27
pulôver sweater, 7
pulseira bracelet, 7
puxar pull, 27

quadrado square, 30
quadro picture, 1
quadro de avisos bulletin board, 1
quarenta forty, 31
quarenta e cinco forty-five, 31
quarenta e dois forty-two, 31
quarenta e nove forty-nine, 31
quarenta e oito forty-eight, 31
quarenta e quatro forty-four, 31
quarenta e seis forty-six, 31
quarenta e sete forty-seven, 31
quarenta e três forty-three, 31
quarenta e um forty-one, 31
quarto fourth, 31
quarto de dormir bedroom, 2
quatorze fourteen, 31
quatro four, 31
quebra-cabeça (de armar) jigsaw puzzle, 4
quebrar to break, 27
queijo cheese, 6
queixo chin, 11
quente hot, 26
quintal yard, 5
quinto fifth, 31
quinze fifteen, 31

rã frog, 9
rabo tail, 20
rabo-de-cavalo ponytail, 12
rádio radio, 2
radiografia X ray, 11

raia-lixa stingray, 22
raindrop pingo de chuva, 5
rainha queen, 25
raios de roda spokes, 14
rápido fast, 26
raposa fox, 20
raquete tennis racket, 17
raquete racket, 18
rato rat, 25
rebocador tugboat, 16
receber to receive, 27
recepcionista receptionist, 13
rede hammock, 5, net, 18
rede de segurança safety net, 21
rédeas reins, 25
refeições meals, 10
refletor spotlight, 19
refletores reflectors, 14
refrigerante soft drink, 10
régua ruler, 1
rei king, 25
relâmpago lightning, 5
relógio clock, 1
relógio de pulso watch, 7
remédio, remédios medicine, 11
remo oar, 16
repolho cabbage, 6
repórter reporter, 15
restaurante restaurant, 8, 10
retângulo rectangle, 30
revistas em quadrinhos comic books, 4
revistas magazines, 11
rímel mascara, 12
rinoceronte rhinoceros, 20
rio river, 32
rir to laugh, 27
risca (de cabelo) part, 12
robô robot, 23
rocha rock, 24
roda wheel, 24
roda de fiar spinning wheel, 4
rodinhas training wheels, 14
rosa (cor) pink, 28
rosto face, 11
roupa suja laundry, 3
roupão de banho bathrobe, 7
roxo purple, 28
rua street, 16
rugir to roar, 27
ruivo (cabelo) red, 12

sabão soap, 6
sacada balcony, 8
saco de compras shopping bag, 6
saco de dormir sleeping bag, 9
safe cofre, 13
saia skirt, 7
sal salt, 10
sala de espera waiting room, 11
sala de estar living room, 2
sala de jantar dining room, 2
salada salad, 10
salão de beleza beauty salon, 12
salto em altura high jump, 18
salto em distância long jump, 18
salto mortal cartwheel, 21
samambaia fern, 24
sandálias sandals, 7
sanduíche sandwich, 10
sanfona accordion 19
sangue blood, 11
sapatilhas ballet slippers, 19
sapatos shoes, 7
sardas freckles, 12
satélite satellite, 23

English-Portuguese Glossary and Index

cart, carroça, 24
cartwheel, salto mortal, 21
cash register, caixa registradora, 6
cashier, caixa, 6
cassette player, toca-fitas, 2
cassette tape, fita cassete, 2
cast, gesso, 11
castle, castelo, 25
cat, gato, 9
catch, pegar, 27
cave, caverna, 24
cave drawing, gravura rupestre, 24
cave dwellers, habitantes da caverna, 24
ceiling, teto, 2
celery, aipo, 10
cello, violoncelo, 19
cellophane tape, fita adesiva, 1
cement mixer, betoneira, 16
cereal, cereal, 6
chain mail, cota de malha, 25
chair, cadeira, 3
chalk, giz, 1
chalkboard, lousa, 1
channel, canal, 32
check, cheque, 13
checkbook, talão de cheques, 13
checkers, jogo de damas, 4
cheek, bochecha, 11
cheese, queijo, 6
cherries, cerejas, 6
chess, xadrez, 4
chest, tórax, 11
chick, pintinho, 9
chicken, frango, 10
children, crianças, 19
chimney, chaminé, 2
chin, queixo, 11
chocolate, chocolate, 6
church, igreja, 8
circle, circunferência, 30
circus, circo, 21
circus parade, desfile circense, 21
city, cidade, 8
clam, mexilhão, 22
clarinet, clarineta, 19
classroom, sala de aula, 1
claws, garras, 20
clay, barro, 24
clean, limpo, 26
climb, trepar, 27
clock, relógio, 1
close, fechar, 27
closed, fechado, 26
closet, armário embutido, 2
cloth, pano, 24
clothes dryer, secadora de roupas, 3
clothing, vestuário, 7
clothing store, loja de roupas, 8
clouds, nuvens, 5
clown, palhaço, 21
club, clava, 24
coat, casaco, 7
cobweb, teia de aranha, 4
coffee, café, 10
coin, moeda, 13
cold, frio, 26
collar, gola, 7
colored pencils, lápis de cor, 1
coloring book, caderno para colorir, 4
colors, cores, 28
colt, potro, 9
comb, pente, 12
come, vir, 27
comet, cometa, 23
comic books, revistas em quadrinhos, 4
community, comunidade, 15
compact disc, CD (disco compacto), 2
compass (drawing), compasso, 1;
    (magnetic), bússola, 32

computer programmer, programador de
    computador, 15
computer, computador, 23
Concorde, Concorde, 17
conductor, maestro, 19
cone, cone, 30
constellation, constelação, 23
construction worker, operário de
    construção, 15
control panel, painel de controle, 23
control tower, torre de controle, 17
cook (noun), cozinheiro, 15; (verb),
    cozinhar, 27
cookies, biscoitos, 6
copilot, co-piloto, 17
coral, coral, 22
coral reef, banco de coral, 22
corn, milho, 24
corner, esquina, 8
costume, fantasia, 19
cotton candy, algodão doce, 21
counter, balcão, 3
country, campo, 9
court jester, bobo da corte, 25
courtyard, pátio do castelo, 25
cousin (male), primo, 29; (female), prima, 29
coveralls, macacão, 14
cow, vaca, 9
cowboy, boiadeiro, 15
cowboy boots, botas de boiadeiro, 4
cowboy hat, chapéu de boiadeiro, 4
crab, caranguejo, 22
crackers, bolachas, 6
cradle, berço, 4
crane, guindaste, 8
crater, cratera, 23
crayon, lápis de cera, 1
cream, creme, 10
credit card, cartão de crédito, 13
crew cut, corte à escovinha, 12
crop, colheita, 24
cross-country skiing, esquiagem através das
    matas, 18
crown, coroa, 25
cruise ship, navio de cruzeiro, 16
crutch, muleta, 11
cry, chorar, 27
cube, cubo, 30
cup, xícara, 10
curlers, bobes, 12
curling iron, frisador, 12
curly, crespo, 12
curtain, cortina, 19
curtains, cortinas, 2
customs officer, inspetor de alfândega, 17
cut, cortar, 27
cycling, ciclismo, 18
cylinder, cilindro, 30
cymbals, pratos, 19

dad, papai, 29
dance, dançar, 27
dancer, bailarina, dançarina, 19
dark, escuro, 26
dashboard, painel de instrumentos, 14
daughter, filha, 29
deck, deque, 5
deer, veado, 20
dental floss, fio dental, 11
dental hygienist, higienista dentária, 11
dentist, dentista, 11
dentist's office, consultório dentário, 11
desert, deserto, 32
desk, escrivaninha, 1
dice, dados, 4
difficult, difícil, 26
dig, cavar, 27
dining room, sala de jantar, 2

dinner, jantar, 10
dinosaur, dinossauro, 24
dirt, sujeira, 9
dirty, sujo, 26
disc jockey, disc jóquei, 15
dishes, louça, pratos, 3
dishwasher, máquina de lavar pratos, 3
dive, mergulhar, 27
diving, mergulho, 18
dock, cais, 16
doctor, médico, 11
doctor's office, consultório médico, 11
dog, cachorro, 9
doll, boneca, 4
dollhouse, casa de boneca, 4
dolphin, golfinho, 22
donkey, jumento, 9
door, porta, 2
door handle, maçaneta da porta, 14
doorman, porteiro, 15
down, para baixo, 26
down vest, colete, 7
downhill skiing, esquiagem em declive, 18
dragon, dragão, 25
draw, desenhar, 27
drawbridge, ponte levadiça, 25
drawer, gaveta, 3
dress, vestido, 7
dresser, toucador, 2
dressing room, camarim, 19
drill, furadeira, 3
drink, beber, 27
drive, guiar, 27
drive-in, drive-in, 13
driver's seat, assento do motorista, 14
driveway, via de acesso, 8
drugstore, drogaria, 8
drum, tambor, 19
dry, secar, 26
duck, pato, 9
duckling, patinho, 9
dull, sem corte (faca), 26
dungeon, calabouço, 25
dust, pó, 4
dustpan, pá de lixo, 3

eagle, águia, 20
ear, orelha, 11
earmuffs, orelheiras, 7
earring, brinco, 7
Earth, Terra, 23
easel, cavalete, 1
east, leste, 32
easy, fácil, 26
eat, comer, 27
eggs, ovos, 6
eight, oito, 31
eighteen, dezoito, 31
eighth, oitavo, 31
eighty, oitenta, 31
eighty-eight, oitenta e oito, 31
eighty-five, oitenta e cinco, 31
eighty-four, oitenta e quatro, 31
eighty-nine, oitenta e nove, 31
eighty-one, oitenta e um, 31
eighty-seven, oitenta e sete, 31
eighty-six, oitenta e seis, 31
eighty-three, oitenta e três, 31
eighty-two, oitenta e dois, 31
elbow, cotovelo, 11
electric mixer, batedeira elétrica, 3
electric train, trem elétrico, 4
electrical outlet, tomada elétrica, 3
electrician, eletricista, 15
elephant, elefante, 20, 21
eleven, onze, 31
elf, duende, 25
empty, vazio, 26

engine, motor, 14, 17
equator, equador, 32
eraser (chalkboard), apagador, 1; (pencil), borracha, 1
escalator, escada rolante, 17
Europe, Europa, 32
examining table, mesa de exames, 11
eyebrow, sobrancelha, 11
eyes, olhos, 11

face, rosto, 11
factory, fábrica, 8
factory worker, operário, 15
fairy, fada, 25
fall (season), outono, 5
fall (verb), cair, 27
family tree, árvore genealógica, 29
fan (hand), leque, 4; (electric), ventilador, 5
far, longe, distante, 26
farm, fazenda, sítio, 9
farmer, lavrador, fazendeiro, 9
fashion designer, desenhista de moda, 15
fast, rápido, 26
fat, gordo, 26
father, pai, 29
faucet, torneira, 3
fault, falha, 32
feather, pluma, 4
feathers, penas, 20
fence, cerca, 9
fender, pára-lama, 14
fern, samambaia, 24
field, campo, 24
fifteen, quinze, 31
fifth, quinto, 31
fifty, cinqüenta, 31
fifty-eight, cinqüenta e oito, 31
fifty-five, cinqüenta e cinco, 31
fifty-four, cinqüenta e quatro, 31
fifty-nine, cinqüenta e nove, 31
fifty-one, cinqüenta e um, 31
fifty-seven, cinqüenta e sete, 31
fifty-six, cinqüenta e seis, 31
fifty-three, cinqüenta e três, 31
fifty-two, cinqüenta e dois, 31
file, lima, 3
filing cabinet, arquivo, 13
film, filme, 8, 21
fin, barbatana, 22
find, encontrar, 27
finger, dedo, 11
fingernail, unha, 12
fire, fogo, fogueira, 24
fire engine, carro de bombeiro, 16
fire escape, escada de incêndio, 8
fire fighter, bombeiro, 15
fire hydrant, hidrante, 8
fire station, posto de bombeiros, 8
fireplace, lareira, 2
first, primeiro, 31
fish, peixe, 1, 10
fisherman, pescador, 15
fishhook, anzol, 22
fishing, pesca, 24
fishing line, linha de pescar, 22
five, cinco, 31
fix, consertar, 27
flags, bandeiras, 17
flamingo, flamingo, 20
flashbulb, flash, 21
flashlight, lanterna, 3
flat tire, pneu furado, 14
flight attendant, comissário, 17
flint, pedra-de-fogo, 24
flipper, pé-de-pato, 22
floor, piso, 2
florist, florista, 15
flour, farinha, 3

flowerbed, canteiro de flores, 5
flowers, flores, 5
flute, flauta, 19
fly (insect), mosca, 5
fly (verb), voar, 27
fly swatter, mata-moscas, 5
fog, neblina, 5
food, alimentos, comida, 6
food processor, multiprocessador, 3
foot, pé, 11
football, futebol americano, 18
footprint, pegada, 23
footstool, escabelo, 2
forehead, testa, 11
foreman, capataz, 15
forest, floresta, 25
forge, forja, 25
fork, garfo, 10
forty, quarenta, 31
forty-eight, quarenta e oito, 31
forty-five, quarenta e cinco, 31
forty-four, quarenta e quatro, 31
forty-nine, quarenta e nove, 31
forty-one, quarenta e um, 31
forty-seven, quarenta e sete, 31
forty-six, quarenta e seis, 31
forty-three, quarenta e três, 31
forty-two, quarenta e dois, 31
fountain, fonte, 8
four, quatro, 31
fourteen, quatorze, 31
fourth, quarto, 31
fox, raposa, 20
freckles, sardas, 12
freezer, congelador, 3
french fries, batatas fritas, 10
French horn, trompa, 19
frog, rã, 9
frozen meal, comida congelada, 6
fruit, frutas, 6
fruit juice, suco de frutas, 6
full, cheio, 26
fur, pele, 24

galaxy, galáxia, 23
game, jogo, 4
garage, garagem, oficina de automóveis, 14
garden hose, mangueira de jardim, 5
gardener, jardineiro, 15
garment bag, capa de terno, 17
gas cap, tampa do tanque, 14
gas pump, bomba de gasolina, 14
gas station, posto de gasolina, 14
gate, portão, 17
giant, gigante, 25
gift, presente, 10
gills, guelras, 22
giraffe, girafa, 20
girl, menina, 9
give, dar, 27
glacier, geleira, 32
glass, copo, 10
glasses, óculos, 7
globe, globo, 1
gloves, luvas, 7
glue, cola, 1
go, ir, 27
Go!, siga!, 16
goat, cabra, 9
goggles, óculos de proteção, 18
gold (metal), ouro, 22; (color), dourado, 28
golf, golfe, 18
golf club, taco de golfe, 18
good, bom, 26
goose, ganso, 9
gorilla, gorila, 20
gosling, gansinho, 9
grandfather, avô, 29

grandma, vovó, 29
grandmother, avó, 29
grandpa, vovô, 29
grapefruit, grapefruit, toranja, 6
grapes, uvas, 6
grass, capim, grama, 9
grasshopper, gafanhoto, 5
gray, cinzento, 28
green, verde, 28
green beans, vagem, 6
grocery store, mercearia, 8
guitar, violão, 19
gulf, golfo, 32
gym shoes, tênis, 7
gymnastics, ginástica, 18

hair, cabelo, 12
hair dryer, secador de cabelo, 12
hair spray, vaporizador de cabelos, 12
hairstylist, cabelereiro, 12
half, meio, metade, 31
ham, presunto, 10
hamburger, hambúrguer, 10
hammer, martelo, 3
hammock, rede, 5
hand (clock), ponteiro, 1; (person), mão, 11
hand brake, freio de mão, 14
handkerchief, lenço, 7
handlebars, guidão, 14
handstand, parada de mão, 21
hang glider, asa delta, 16
hangar, hangar, 17
hanger, cabide, 2
happy, alegre, 26
hard, duro, 26
harp, harpa, 19
hat, chapéu, 4, 7
hay, feno, 9
head, cabeça, 11
headlight, farol dianteiro, 14
headset, fone de ouvido, 17
headstand, parada de cabeça, 21
heavy, pesado, 26
helicopter, helicóptero, 16
helm, timão, 22
helmet, capacete, 18
hen, galinha, 9
high jump, salto em altura, 18
hiking boots, botas para caminhada, 7
hill, colina, 9
hippopotamus, hipopótamo, 20
history, história, 24
hockey, hóquei, 18
hole punch, furador de papel, 1
hood, (clothing), capuz, 7; (car), capota, 14
hoof, casco, 20
hoop, aro, 21
horns, chifres, 9, 20
horse, cavalo, 9
horse racing, hipismo, 18
horseback riding, equitação, 18
horseshoe, ferradura, 25
hospital, hospital, 8
hot, quente, 26
hot-air balloon, balão de ar quente, 16
hotel, hotel, 8
house, casa, 2
hubcap, calota, 14
human history, história da humanidade, 24
hump, corcova, 20
hundred, centena, 31
hundred thousand, cem mil, 31
hunt, caçada, 26
hunter, caçador, 24
hurdles, corrida com obstáculos, 18
hut, cabana, 24
hypodermic needle, agulha de injeção, 11

ice, gelo, 5
ice cream, sorvete, 10
ice cubes, cubos de gelo, 3
iceberg, iceberg, 32
icecap, calota glacial, 32
icicle, sincelo, 5
in front of, na frente de, 26
Indian Ocean, Oceano Índico, 32
ink pad, almofada de tinta para carimbo, 13
insect, inseto, 24
inside, dentro, 26
intersection, cruzamento, 16
iron, ferro, 3
ironing board, tábua de passar roupa, 3
island, ilha, 32

jack, macaco, 14
jacket, blusão, 7
jaguar, onça pintada, 20
jail, cadeia, 8
jam, geléia, 10
jeans, calças jeans, 7
jeep, jipe, 16
jellyfish, água-viva, 22
jewel, jóia, pedra preciosa, 22
jeweler, joalheiro, 15
jigsaw puzzle, quebra-cabeça (de armar), 4
jogging, cooper, 18
judge, juiz, 15
juggle, fazer malabarismo, 27
juggler, malabarista, 21
jump, pular, 27
jump rope, corda de pular, 4
jungle gym, trepa-trepa, 8
jungle, selva, 32

kangaroo, canguru, 20
ketchup, catchup, 10
kettle, chaleira, 3
key, chave, 13
kick, chutar, 27
kickstand, pé (para apoio), 14
kid, cabrito, 9
kiln, forno, 24
king, rei, 25
kitchen, cozinha, 2, 3
kite, pipa, 5
kitten, gatinho, 9
knee, joelho, 11
knife, faca, 10
knight, cavaleiro, 25
knitting needles, agulhas de tricô, 4
knot, nó, 13

lab coat, avental de laboratório, 23
label, etiqueta, 13
laboratory, laboratório, 23
ladder, escada, 23
lake, lago, 32
lamb, cordeiro, 9
lamp, abajur, 2
lance, lança, 25
landing capsule, cápsula de pouso, 23
landing gear, trem de pouso, 17
large, grande, 26
laugh, rir, 27
laundry, roupa suja, 3
laundry detergent, detergente para lavar roupa, 3
lawn mower, cortador de grama, 5
lawyer, advogado, 15
leaf, folha, 5
leather, couro, 24
left, esquerdo, 26
leg, perna, 11
lemon, limão, 6

leopard, leopardo, 20
leotard, malha, 19
letter, carta, 13
letter carrier, carteiro, 15
lettuce, alface, 6
librarian, bibliotecário, 15
light, claro, luz, leve, 26
lightbulb, luz elétrica, 4, 21
lighthouse, farol, 16
lighting, relâmpago, 5
lime, lima, 6
lion, leão, 20, 21
lion tamer, domador de leões, 21
lips, lábios, 11
lipstick, batom, 12
listen (to), escutar, 27
living room, sala de estar, 2
lizard, lagarto, 20
lobster, lagosta, 22
lock, fechadura, 13
log, tronco, 5
long, comprido, 12, 26
long jump, salto em distância, 18
look for, procurar, 27
loom, tear, 24
loudspeaker, alto-falante, 1
luggage compartment, compartimento de bagagem, 17
lunar rover, módulo lunar, 23
lunch, almoço, lanche, 10

magazines, revistas, 11
magic wand, vara de condão, 25
magician, mágico, 21
magnet, ímã, 4
mail slot, abertura para cartas, 13
mailbag, mala de correio, 13
mailbox, caixa de correio, 13
make-believe, faz-de-conta, 25
makeup, maquilagem, 19
mammoth, mamute, 24
man, homem, 9
mane, crina, 20
manhole cover, tampa de entrada de inspeção, 8
manicurist, manicure, 12
map, mapa, 1, 32
marbles, bolas de gude, 4
mascara, rímel, 12
mask, máscara, 19, 22
master of ceremonies, mestre de cerimônias, 19
matches, fósforos, 5
meals, refeições, comida, 10
meat, carne, 6
mechanic, mecânico, 14
medal, medalha, 18
medicine, remédio, 11
medicine cabinet, armário de remédios, 2
medium, médio, 26
melon, melão, 6
menu, cardápio, 10
metal detector, detector de metal, 17
meteor shower, chuva de meteoros, 23
microphone, microfone, 19
microscope, microscópio, 23
microwave oven, forno de microondas, 3
milk, leite, 6
million, milhão, 31
minstrel, menestrel, 25
mirror, espelho, 2
mittens, luvas inteiriças, 7
moat, fosso, 25
model, modelo, 15
mom, mamãe, 29
money, dinheiro, 6
monkey, macaco, 20
moon, lua, 23

moon rock, pedra lunar, 23
mop, esfregão, 3
mother, mãe, 29
motorboat, barco a motor, 16
motorcycle, motocicleta, 16
mountains, montanhas, 32
mouse, camundongo, 9, 26
mousse, musse, 12
mouth, boca, 11
movie, cinema, 8
movie projector, projetor cinematográfico, 4
mud, lama, 5
museum, museu, 8
mushroom, cogumelo, 10
music box, caixa de música, 4
moustache, bigode, 12
mustard, mostarda, 10

nail, prego, 3
nail clippers, cortador de unhas, 12
nail file, lixa de unha, 12
nail polish, esmalte, 12
napkin, guardanapo, 10
narrow, estreito, 26
navigator, navegador, 17
near, perto, 26
nebula, nebulosa, 23
necklace, colar, 7
nest, ninho, 5
net, rede, 18
new, novo, 26
newspaper, jornal, 8
next to, junto de, 26
night, noite, 21
night table, criado-mudo, 2
nine, nove, 31
nineteen, dezenove, 31
ninety, noventa, 31
ninety-eight, noventa e oito, 31
ninety-five, noventa e cinco, 31
ninety-four, noventa e quatro, 31
ninety-nine, noventa e nove, 31
ninety-one, noventa e um, 31
ninety-seven, noventa e sete, 31
ninety-six, noventa e seis, 31
ninety-three, noventa e três, 31
ninety-two, noventa e dois, 31
ninth, nono, 31
noodles, talharim, 10
north, norte, 32
North America, América do Norte, 32
North Pole, Polo Norte, 32
northeast, nordeste, 32
northwest, noroeste, 32
nose, nariz, 11
notebook, caderno, 1
notepad, bloco de anotações, 13
numbers, números, 1, 31
nurse, enfermeiro, 11
nuts, nozes, 6

oar, remo, 16
oasis, oásis, 32
ocean, oceano, 22
octagon, octaedro, 30
octopus, polvo, 22
off, apagado, 26
oil, óleo, 14
old, velho, 26
omelet, omelete, 10
on, aceso, 26
on top of, em cima de, 26
one, um, 31
onions, cebolas, 6
open (adjective), aberto, 26; (verb), abrir, 27
optician, óptico, 15

orange (fruit) laranja, 6; (color), alaranjado, 28
orchestra, orquestra, 19
orchestra pit, poço da orquestra, 19
ordinal numbers, números ordinais, 31
ostrich, avestruz, 20
outside, fora, 26
oval, elipse, oval, 30
oven, forno, 3
owl, coruja, 20
oxygen tank, tanque de oxigênio, 22

Pacific Ocean, Oceano Pacífico, 32
package, pacote, 13
packing tape, fita para embalagem, 13
paint (noun), tinta, 1, 24; (verb), pintar, 27
paintbrush, pincel, 1
painter, pintor, 15
pajamas, pijamas, 7
pan, panela, 3
panda, panda, 20
pants, calças, 7
paper, papel, 1
paper clip, clipe, 13
paper towels, toalhas de papel, 3
parachute, pára-quedas, 18
paramedic, auxiliar de medicina, 15
park, parque, 8
parking lot, estacionamento, 8
parking meter, parquímetro, 8
parrot, papagaio, 20
part, risca (de cabelo), 12
passenger, passageiro, 17
passenger's seat, assento do passageiro, 14
passport, passaporte, 17
patient, paciente, 11
paw, pata, 20
peach, pêssego, 6
peacock, pavão, 20
peanuts, amendoins, 21
peas, ervilhas, 6
pedal, pedal, 14
pedicurist, pedicure, 12
pen, caneta, 1
pencil, lápis, 1
pencil sharpener, apontador de lápis, 1
penguin, pingüim, 20
peninsula, península, 32
people, povo, 15
pepper, pimenta, 10
petal, pétala, 5
pharmacist, farmacêutico, 15
pharmacy, farmácia, 8
phone booth, cabina telefônica, 13
photo album, álbum de fotografias, 4
photograph, fotografia, 4
photographer, fotógrafo, 15
piano, piano, 19
picnic, piquenique, 9
picture, quadro, 1
picture frame, moldura de quadro, 4
pie, torta, 6
pig, porco, 9
piggy bank, cofrinho em forma de porco, 13
piglet, porquinho, 9
pill, pílula, 11
pillow, travesseiro, 2
pilot, piloto, 17
pineapple, abacaxi, 6
pink, rosa (cor), 28
plain, planície, 32
planet, planeta, 23
plant, planta, 1
plate, prato, 10
play (a game), jogar, 27; (an instrument), tocar, 27
playground, parquinho, 8
pliers, alicate, 14

plumber, encanador, 15
pocket, bolso, 7
point (at), apontar (para), 27
polar bear, urso polar, 20
police car, carro de polícia, 16
police station, distrito policial, 8
policeman, policial, 15
policewoman, policial feminina, 15
pond, lagoa, 9
ponytail, rabo de cavalo, 12
popcorn, pipoca, 21
porter, carregador, 17
porthole, vigia, 22
post office, agência dos correios, 13
post-office box, caixa postal, 13
postal worker, funcionário dos correios, 13
postcard, cartão postal, 13
poster, cartaz, 2
postmark, carimbo postal, 13
pot, vaso de barro, 24
potato chips, batatinhas fritas, 6
potatoes, batatas, 6
potter, oleiro, 24
powder, pó-de-arroz, 12
prepositions, preposições, 26
price, preço, 6
prince, príncipe, 25
princess, princesa, 25
propeller, hélice, 17
protractor, transferidor, 1
pterodactyl, pterodáctilo, 24
puddle, poça, 5
pull, puxar, 27
pupil desk, carteira escolar, 1
puppet, fantoche, 4
puppy, cachorrinho, 9
purple, roxo, 28
purse, bolsa, 17
push, empurrar, 27

queen, rainha, 25
quiver, aljava, 25

rabbit, coelho, 9
racing car, carro de corrida, 14
racquet, raquete, 18
radar screen, tela de radar, 17
radio, rádio, 2
rag, trapo, 14
rain, chuva, 5
rainbow, arco-íris, 5
raincoat, capa de chuva, 7
raindrop, pingo de chuva, 5
rake, ancinho, 5
raspberries, framboesas, 6
rat, rato, 25
razor, navalha, 12
read, ler, 27
rearview mirror, espelho retrovisor, 14
receive, receber, 27
receptionist, recepcionista, 13
record, disco, 2
record player, toca-discos, 2
rectangle, retângulo, 30
red (hair), ruivo, 12; (color), vermelho, 28
referee, árbitro (juiz), 18
reflectors, refletores, 14
refrigerator, geladeira, 3
reins, rédeas, 25
reporter, repórter, 15
rest rooms, banheiros públicos, 21
restaurant, restaurante, 8, 10
return address, endereço do remetente, 13
rhinoceros, rinoceronte, 20
rice, arroz, 10
ride a bicycle, andar de bicicleta, 27
right, direito, 26

ring (jewelery), anel, 7; (circus), picadeiro, 21
ringmaster, diretor de circo, 21
rings (planet), anéis, 23
river, rio, 32
road, estrada, 9
roar, rugir, 27
robot, robô, 23
rock, rocha, 24
rocket, foguete, 23
rocking chair, cadeira de balanço, 2, 4
rocking horse, cavalinho de balanço, 4
roller skates, patins de rodas, 16
roof, telhado, 2
rooster, galo, 9
rope, corda, 19, 21
rope ladder, escada de corda, 21
rowboat, barco a remos, 16
rubber band, elástico, 13
rubber stamp, carimbo de borracha, 13
rug, tapete, 1
ruler, régua, 1
run, correr, 27
running, corrida, 18
runway, pista (de pouso ou decolagem), 17

sabre-toothed tiger, tigre dente-de-sabre, 24
sad, triste, 26
saddle, sela, 25
safe, cofre, 13
safety deposit box, caixa para depósito de segurança, 13
safety net, rede de segurança, 21
sail, vela (de barco), 16
sailboat, barco a vela, 16
sailing, navegação a vela, 18
sailor, marinheiro, 15
salad, salada, 10
salesman, vendedor, 15
saleswoman, vendedora, 15
salt, sal, 10
sand, areia, 22
sandals, sandálias, 7
sandbox, tanque de areia, 8
sandpaper, lixa, 3
sandwich, sanduíche, 10
satellite, satélite, 23
saucer, pires, 10
sausages, lingü
iças, 10
saw, serrote, 3
saxophone, saxofone, 19
scale, balança, 6, 13
scales, escamas (fish), 22
scarf, cachecol, 7
scenery, cenário, 19
school, escola, 8
schoolbus, ônibus escolar, 16
school (of fish), cardume, 22
scientist, cientista, 23
scissors, tesoura, 1, 12
scooter, patinete, 16
screw, parafuso, 3
screwdriver, chave de fenda, 3
script, texto, 19
scuba diver, mergulhador (com aparelho), 22
sea horse, cavalo-marinho, 22
sea turtle, tartaruga-do-mar, 22
sea urchin, ouriço-do-mar, 22
sea, mar, 32
seal, foca, 20
seashell, conchinha, 22
seasons, estações, 5
seat, assento, 17
seat belt, cinto de segurança, 14
seaweed, alga marinha, 22
second, segundo, 31
secretary, secretário, 15

security camera, câmera de segurança, 13
security guard, guarda de segurança, 13
seesaw, gangorra, 8
sell, vender, 27
seven, sete, 31
seventeen, dezessete, 31
seventh, sétimo, 31
seventy, setenta, 31
seventy-eight, setenta e oito, 31
seventy-five, setenta e cinco, 31
seventy-four, setenta e quatro, 31
seventy-nine, setenta e nove, 31
seventy-one, setenta e um, 31
seventy-seven, setenta e sete, 31
seventy-six, setenta e seis, 31
seventy-three, setenta e três, 31
seventy-two, setenta e dois, 31
sewing machine, máquina de costura, 19
shadow, sombra, 9
shampoo, xampu, 12
shapes, figuras geométricas, 30
shark, tubarão, 22
sharp, afiado, 26
shaving cream, creme de barbear, 12
sheep, carneiro, 9
sheet, lençol, 2
sheet music, partitura, 19
shelf, prateleira, 2
shield, escudo, 25
shipwreck, naufrágio, 22
shirt, camisa, 7
shoelace, cadarço, 7
shoes, sapatos, 7
shopping bag, saco de compras, 6
shopping cart, carrinho de compras, 6
short, baixo, curto, 12, 26
shorts, shorts, 7
shoulder, ombro, 11
shovel, pá, 5
shower, chuveiro, 2
sidewalk, calçada, 16
sign, cartaz, letreiro, 6, 8
signature, assinatura, 13
silver (metal), prata, 22; (color), prateado, 28
sing, cantar, 27
singer, cantor, 19
sink, pia, 3
sister, irmã, 29
sit down, sentar-se, 27
six, seis, 31
sixteen, dezesseis, 31
sixth, sexto, 31
sixty, sessenta, 31
sixty-eight, sessenta e oito, 31
sixty-five, sessenta e cinco, 31
sixty-four, sessenta e quatro, 31
sixty-nine, sessenta e nove, 31
sixty-one, sessenta e um, 31
sixty-seven, sessenta e sete, 31
sixty-six, sessenta e seis, 31
sixty-three, sessenta e três, 31
sixty-two, sessenta e dois, 31
skate, patinar, 27
skateboard, skate, 16
skates, patins, 18
skating, patinação, 18
skeleton, esqueleto, 24
ski, esquiar, 27
skirt, saia, 7
skis, esquis, 18
sky, céu, 9
skydiving, pára-quedismo, 18
skyscraper, arranha-céu, 8
sled, trenó, 5
sleep, dormir, 27
sleeping bag, saco de dormir, 9
sleeve, manga, 7
slide, escorregador, 8

sling, tipóia, 11
slow, vagaroso, 26
small, pequeno, 26
smile, sorriso, 11
smoke, fumaça, 9
smokestack, chaminé, 8
snack bar, lanchonete, 17
snake, cobra, 20
sneeze, espirro, 11
snorkel, tubo de respiração, 22
snow, neve, 5
snowball, bola de neve, 5
snowflake, floco de neve, 5
snowman, boneco de neve, 5
snowmobile, carrinho de neve, 5
snowplow, limpa-neve, 5
snowstorm, tempestade de neve, 5
soap, sabão, 6
soccer, futebol, 18
soccer ball, bola de futebol, 18
socks, meias curtas, 7
sofa, sofá, 2
soft, macio, 26
soft drink, refrigerante, 10
solar panel, painel solar, 23
solar system, sistema solar, 23
somersault, cambalhota, 21
son, filho, 29
soup, sopa, 10
south, sul, 32
South America, América do Sul, 32
South Pole, Polo Sul, 32
southeast, sudeste, 32
southwest, sudoeste, 32
space, espaço (sideral), 23
space helmet, capacete espacial, 23
space shuttle, ônibus espacial, 23
space station, estação espacial, 23
space suit, traje espacial, 23
space walk, passeio espacial, 23
spaceship, espaçonave, 23
spatula, espátula, 3
spear, lança, 24
sphere, esfera, 30
spider, aranha, 25
spiderweb, teia de aranha, 25
spinach, espinafre, 6
spinning wheel, roda de fiar, 4
spokes, raios de roda, 14
sponge, esponja, 3
spoon, colher, 10
sports, esportes, 18
spotlight, refletor, 19
spots, pintas, 20
spring, primavera, 5
sprinkler, borrifador, 5
square (park), praça, 8; (shapes), quadrado, 30
squid, lula, 22
squire, escudeiro, 25
stable, estábulo, 25
stage, palco, 19
stairs, escada, 2
stamp, selo, 13
stand up, levantar-se, 27
stapler, grampeador, 1
staples, grampos, 1
starfish, estrela-do-mar, 22
stars, estrelas, 23
statue, estátua, 8
steak, bife, 10
steering wheel, volante, 14
stem, caule, 5
stethoscope, estetoscópio, 11
stick, graveto, 24
stilts, pernas de pau, 21
stingray, raia-lixa, 22
stirrup, estribo, 25
Stop!, Pare!, 16

stop sign, sinal de pare, 16
stove, fogão, 3
straight, liso, 12
straw (drinking), canudinho, 10
strawberries, morangos, 6
street, rua, 16
string, barbante, 4, 13
strings, cordas, 19
stripes, listras, 20
stroller, carrinho de criança, 16
student (male), estudante, 1; (female), estudante, 1
submarine, submarino, 22
suds, espuma de sabão, 12
sugar, açúcar, 10
suit, terno, 7
suitcase, mala, 17
summer, verão, 5
sun, sol, 23
sunglasses, óculos de sol, 7
sunroof, teto solar, 14
supermarket, supermercado, 6
swan, cisne, 20
sweater, suéter, pulôver, 7
sweatpants, calças de malha de algodão, 7
sweatshirt, suéter de malha de algodão, 7
swim, nadar, 27
swimming, natação, 18
swimming pool, piscina, 18
swings, balanços, 8
sword, espada, 25
swordfish, peixe-espada, 22

T-shirt, camiseta, 7
table, mesa, 3
table tennis, pingue-pongue, 18
tablecloth, toalha de mesa, 10
tail, rabo, 20
tailor, alfaiate, 15
take a bath, tomar banho, 27
talent show, espetáculo de calouros, 19
talk, conversar, 27
tall, alto, 26
tank truck, caminhão-tanque, 14
tape measure, trena, 3
taxi, táxi, 16
taxi driver, motorista de táxi, 15
tea, chá, 10
teach, ensinar, 27
teacher (female), professora, 1; (male), professor, 1
teacher's desk, mesa do professor, 1
teddy bear, ursinho de brinquedo, 4
telephone, telefone, 2
television, televisão, 2
television repairer, técnico de televisão, 15
teller, caixa de banco, 13
ten, dez, 31
ten thousand, dez mil, 31
tennis, tênis, 18
tennis racquet, raquete, 17
tent, barraca, 9
tent pole, mastro do circo, 21
tentacle, tentáculo, 22
tenth, décimo, 31
test tube, tubo de ensaio, 23
thermometer, termômetro, 11
thin, magro, 26
think, pensar, 27
third, terceiro, 31
thirteen, treze, 31
thirty, trinta, 31
thirty-eight, trinta e oito, 31
thirty-five, trinta e cinco, 31
thirty-four, trinta e quatro, 31
thirty-nine, trinta e nove, 31
thirty-one, trinta e um, 31
thirty-seven, trinta e sete, 31